F. DE NAVENNE

ENTRE LE TIBRE ET L'ARNO

AUX SOURCES DU TIBRE ET DE L'ARNO
A TRAVERS L'APENNIN TOSCAN
LE PALIO DE SIENNE
VITERBE

PARIS
LIBRAIRIE PLON
PLON-NOURRIT et Cⁱᵉ, IMPRIMEURS-ÉDITEURS
8, RUE GARANCIÈRE — 6ᵉ

1903
Tous droits réservés

ENTRE LE TIBRE

ET L'ARNO

L'auteur et les éditeurs déclarent réserver leurs droits de reproduction et de traduction en France et dans tous les pays étrangers, y compris la Suède et la Norvège.

Ce volume a été déposé au ministère de l'intérieur (section de la librairie) en mars 1903.

AUX SOURCES
DE L'ARNO ET DU TIBRE.

AUX SOURCES

DE L'ARNO ET DU TIBRE

Les amateurs d'ascensions — il y en a dans l'Italie centrale — n'ont pas accoutumé de choisir la Toscane pour théâtre de leurs exploits. Les Abruzzes leur offrent un champ d'expérience infiniment plus fécond. Là, en se rapprochant de l'Adriatique, l'Apennin se soulève en agglomérations plus compliquées, en éminences plus altières. Vu du littoral, le massif que commande le Gran Sasso d'Italia se dresse ainsi qu'une muraille titanesque d'un jet de près de 3,000 mètres. Pour escalader les pics, il faut aborder la montagne par l'occident, du côté d'Aquila et de Sulmona. A quelques mètres du Grand Corno, les guides toscans vous montreront avec orgueil un glacier minuscule bleuâtre au lever du soleil ; au delà de la mer, si l'atmosphère y consent, vous discernerez la côte accidentée de la Dalmatie. N'allez pas toutefois demander à ces sommets des neiges éternelles. Ici les piolets et les cordes sont des accessoires superflus pendant la belle saison, et en descendant dans la plaine le touriste n'aura même pas la consolation de faire graver en spirale sur son bâton ferré, comme sur un mirliton, le nom des dents et des aiguilles qu'il a enlevées d'assaut. Il faut en prendre son parti en songeant que tout est relatif en ce bas monde et que le mont Blanc n'est à l'Everest que ce que le Gran Sasso est au mont Blanc.

Les montagnes qui séparent la Toscane de la Romagne, quoique de proportions plus modestes, n'en forment pas moins une chaîne encore imposante à laquelle, par des anneaux sans nombre, viennent se souder des chaînons de moindre importance, orientés dans les directions les plus diverses. La *Falterona*, son sommet culminant, ne dépasse pas, il est vrai, 1,653 mètres, mais elle est entourée d'une foule de puys, de *poggi*, — comme on dit ici, — les uns chenus, les autres couronnés d'arbres. Dans les plis de ces montagnes, — et c'est là un de leurs principaux attraits, — deux fleuves presque aussi célèbres l'un que l'autre, le Tibre et l'Arno, prennent leur source, le premier au pied du *Monte Fumaiolo*, le second sur les pentes de la *Falterona*. Pour arriver à ces lieux, il faut quitter les chemins battus et les lignes ferrées, s'engager dans des régions d'accès difficile, entreprendre en un mot de véritables expéditions. Cette partie de l'Apennin a été chantée par les poètes :

> Di monte in monte e d'uno in altro bosco
> Giunsero ove l'altezza di Pirene
> Puo dimostrar, se non l'aer e fosco,
> E Francia e Spagna e due diverse arene.
> Come l'Apennin scopre il mar Schiavo e'l Tosco
> Dal giogo onde a Camaldoli si viene.

(De montagne en montagne et de forêt en forêt, ils arrivèrent sur la hauteur des Pyrénées, d'où l'on découvre, quand l'air est pur, la France et l'Espagne et deux contrées différentes, de même que l'Apennin distingue la mer des Esclavons et celle de Toscane du faîte qui conduit à Camaldoli.)

A lire ces vers de l'Arioste, on est en droit de supposer qu'ils ont été composés plus près de l'ermitage des Camaldules que du cirque Gavarnie. De plusieurs points de l'Apennin toscan on voit, en effet, reluire comme une plaque de métal, sous les rayons du soleil, soit dans la matinée l'Adriatique, soit vers le soir la Méditerranée. Et ce sont bien des forêts qui sans interruption succèdent aux forêts dans l'ascension vers l'arête supérieure, vers cette épine dorsale de la Péninsule, comme on l'a si justement appelée.

I

Il me souvient d'avoir entrepris l'été dernier une longue course sur ces crêtes, depuis le *Monte Spillo* jusqu'à la *Falterona*, avec descente sur Stia, dans la vallée de l'Arno, après une halte aux sources de ce fleuve. J'étais parti de Camaldoli avec un compagnon de voyage. Nous nous étions assuré d'un guide ; un âne nous suivait, portant nos valises et nos provisions de bouche, car nous avions arrêté de déjeuner au Spillo, puis de dîner et de passer la nuit à la Falterona, dans le « Refuge » construit par les soins du Club alpin sur le flanc de cette montagne et placé sous l'invocation de Dante. Nous étions au cœur de l'été ; à Florence le thermomètre s'élevait régulièrement à 33 ou 34 degrés. Le Monte Spillo, à 1,449 mètres, est couronné d'arbres. Bien que, du côté de la Romagne, il tombe dans la vallée par un brusque escarpement, la vue qu'il commande est nulle, interceptée qu'elle est par un fin tissu végétal. A travers les rameaux horizontaux des hêtres, on entrevoit, on devine plutôt, des profondeurs violettes, des lointains imprécis. Chemin faisant, nous avions rencontré un bûcheron qui chantait tout en fendant des sapins pour le compte de l'État. Nous lui avions demandé s'il n'y avait pas dans les environs quelque source d'où nous pussions tirer de l'eau pour notre déjeuner. Il s'était offert à nous en apporter de « fraîche comme la glace ». Un gazon parsemé de fleurettes nous engageait à ouvrir notre panier de provisions et à nous étendre sur l'herbe pour y faire honneur. Tout à coup notre bûcheron reparut à nos côtés. Comme il était pieds nus, nous ne l'avions pas entendu venir. D'autre part, il avait les vêtements, le visage et les mains de la même teinte que le tronc des arbres, en sorte qu'à dix pas il se confondait avec les choses ambiantes. En retour de l'eau qu'il nous apportait, je lui offris du pain, quelques tranches de filet et une bouteille de vin à moitié pleine. Il tira alors d'un vieux mouchoir une poignée de *polenta* qu'il se mit en devoir de manger avec son pain. De temps à autre, il donnait à la bouteille une accolade silencieuse. Puis il enveloppa soigneusement le filet dans un des journaux qui traînaient sur l'herbe et enfonça le paquet dans la poche de son pantalon. A notre interrogation, il répondit qu'il gardait la viande pour sa famille, laquelle n'en mangeait presque jamais. Et il ne se plaignait pas, et il n'avait pas l'air d'envier notre sort, et il prit sans mot dire la monnaie que nous lui donnâmes, et, quand nous l'avions rencontré, il chantait. Les revendications sociales n'ont pas encore rendu la gaieté incompatible avec le dénuement parmi les populations primitives de ces montagnes.

En quittant le sommet du Spillo, la crête s'abaisse en se rétrécissant : en même temps elle se dénude et le regard embrasse un plus vaste horizon. Voici, à gauche, la *Penna*, montagne isolée, velue comme un bonnet à poils, de toutes parts bornée par des escarpements en précipices, séjour de prédilection de l'aigle royal et des mouflons, rendez-vous des rares chasseurs du cru. Nous atteignons le *Prato Bertone*, dont les sapins dominent l'ermitage de Saint-Romuald, puis le *Prato al Soglio*, magnifique prairie supérieure, verte comme un pâturage suisse, parsemée et comme entourée d'arbres géants. Le *Poggio Scali*, un peu plus haut, domine la région environnante de sa bosse arrondie (1,509 mètres). Peu après, le sentier côtoie un gouffre béant comme il en est peu dans ces paysages, puis il s'abaisse au niveau d'un col qui est le point le plus déprimé de l'Apennin, le *Colle di Campigna*. On prétend qu'Annibal, après avoir vainement tenté de franchir ces montagnes pendant l'hiver de 217 avant l'ère chétienne, conduisit son armée par le chemin qui traverse ce col, au printemps qui vit la bataille de Trasimène.

Comme le soleil s'abaisse sur le *Prato Magno*, nous accélérons notre marche. Chemin faisant, le village de Campigna apparaît à nos pieds; c'est le premier hameau que nous ayons aperçu de la journée. Nous atteignons de nouveau la crête, qui, à chaque pas, va s'amincissant davantage. Ce n'est bientôt plus qu'une arête parfois large à peine de quatre à cinq mètres. Le sentier courant sur cette surface plane semble l'allée d'un jardin, ombragé qu'il est d'une double rangée de hêtres nains. Nous le parcourons avec délices. Tantôt nous marchons sous le couvert, tantôt, par des échappées, nos yeux s'abaissent sur des abîmes, mais des abîmes verdoyants. D'un côté c'est la Toscane, pittoresque et accidentée; de l'autre, au delà des vallées qui nous en séparent, ce sont les monts de la Romagne, durs, désolés, sauvages, uniformes, grisâtres. Peu à peu l'ombre descend dans les fonds; seuls les pics restent lumineux. Puis le soleil disparaît entièrement, pendant qu'au-dessus de nos têtes le ciel conserve encore sa splendeur opaline. Enfin, après avoir gravi une dernière pente, nous atteignons les plus grandes hauteurs de la région, celles du *Monte Falco*. La *Falterona* émerge devant nous, au même niveau, mais plus détachée, plus noble, plus dominatrice. En une demi-heure nous atteignons la cime. Il fait tout à fait nuit. La lune s'est élevée silencieusement à l'horizon L'air est piquant. Une grande humidité ne tarde pas à nous pénétrer tandis que nous observons dans la pâle atmosphère les sommets qui émergent confusément autour de nous. Il ne nous reste plus qu'à chercher un abri dans le « refuge » où notre guide, aidé de deux bergers qui nous ont rejoints, est en train d'allumer un feu de branches résineuses. Pendant qu'installés tant bien que mal, non loin du foyer, nous nous apprêtons à faire honneur à nos provisions de bouche, un des montagnards est sorti sans bruit, et, tout en se promenant de long en large devant le « refuge », il déclame des vers d'une voix monotone. Ce monologue sentimental n'est pas pour nous étonner. Il n'est pas rare de rencontrer dans ce coin de l'Italie des paysans en état de réciter des chants entiers de la *Jérusalem délivrée*. Les amours de Renaud et d'Armide ont le privilège d'attendrir ces hommes primitifs que de lointaines et obscures origines rattachent à la tradition classique ; la langue du Tasse, facile et harmonieuse, se grave aisément dans leur mémoire, sans déconcerter leur ignorance.

Quand, le lendemain matin, au petit jour, je gravis les derniers gradins de la montagne, j'aperçus, au point le plus élevé, un troupeau de moutons qui, accroupis sur l'herbe, tendaient avidement leur nez à la brise du nord et semblaient en aspirer avec volupté l'haleine matinale. Peu après, le soleil se levait du côté de l'Adriatique. Son premier baiser était pour nous; puis il illuminait successivement tous les pics environnants, selon leur rang dans la hiérarchie des montagnes, tandis que notre dôme projetait une colonne d'ombre sur un pays tout entier.

On ne saurait douter que Dante ait escaladé les pentes de la Falterona, dont le nom paraît à plusieurs reprises dans ses écrits

Il a dû également s'arrêter plus d'une fois à la source de l'Arno, qui se trouve un peu plus bas, sur le versant qui regarde Stia. Pour y descendre, pas de chemin tracé ; il faut bon gré mal gré s'en frayer un à travers les massifs inextricables des hêtres nains. C'est à regretter de n'avoir pas à la ceinture la *faca* tranchante dont cavaliers et piétons se servent pour couper les branches qui obstruent les *picadas* brésiliennes. Sans transition, on se trouve en présence d'un ravin large et profond creusé par la fonte périodique des neiges, dans le lit desséché duquel s'entassent de noirs rochers. A l'entour, le paysage est d'une sévérité imposante. C'est au fond de ce ravin que l'Arno jaillit entre deux pierres, ainsi qu'une fontaine déjà puissante et bruyante. Juste au-dessus de nous, un vieux hêtre est penché sur le vide au bord du ravin; entre ses racines que les eaux impétueuses de l'hiver ont mises à nu, il retient des quartiers de roc comme dans un filet. Tel est le *Capo d'Arno*, auquel Dante a certainement songé en écrivant les premières lignes de la célèbre imprécation qui remplit le quatorzième chant du *Purgatoire*. Le poète a pénétré avec Virgile dans le cercle des envieux. Une ombre s'approche de lui et l'interroge sur le pays qui l'a vu naître :

« Ed io : Per mezza Toscana si spazia
Un fiumicel che nasce in Falterona.
E cento miglia di corso nol sazia.
Di sovr' esso rech' io questa persona (1). »
(Et moi : A travers la Toscane court un petit fleuve qui naît à la Falterona et que cent milles de cours ne peuvent satisfaire. C'est de là que je traine ce corps.)

L'ombre, après avoir pris soin de spécifier qu'il s'agit de l'Arno, prononce que la vallée que ce fleuve arrose mérite de périr,

(1) DANTE, *Purgatoire*, chant XIV.

car on y traite la vertu en ennemie, on la fuit comme on fuit un serpent. Ses habitants ont subi une si étonnante transformation qu'on pourrait les croire nourris par Circé. Le fleuve, en poursuivant sa course, rencontre d'abord des porcs immondes, puis des chiens plus hargneux encore; les chiens se transforment en loups et les loups en renards si remplis de fraudes qu'ils défient tous les pièges. Le poète se vengeait ainsi dans des vers immortels des injures que les gens d'Arezzo, de Florence et de Pise avaient successivement infligées à son parti. Envers les hommes qui ont renié les antiques traditions de l'honneur, qui adorent des dieux nouveaux et l'ont jeté dans l'exil, il se montre impitoyable. Mais jamais sa colère ne tombe

Sovra il bel fiume d'Arno,

comme il l'appelle dans le vingt-deuxième chant de *l'Enfer*.

II

Si Dante a célébré dans des strophes tragiques le fleuve toscan, c'est son guide aux enfers qui a chanté dans ses vers harmonieux celui du Latium. Ayant accompli un pèlerinage aux sources de l'Arno, je ne pouvais me dispenser de rendre un égal hommage aux sources du Tibre. Ce n'est pourtant pas que les deux cours d'eau descendent de la même montagne, comme je l'ai souvent entendu répéter. Le *Monte Fumaiolo* est à plus de deux journées de marche de la *Falterona*;

il faut aller le chercher au milieu d'une région accidentée, d'un accès difficile, sur le territoire romagnol. Ces obstacles ont toujours un avantage, celui d'écarter la foule. En Italie même, ceux qui ont rendu visite aux sources du Tibre sont si rares que, dans les villes les plus voisines du *Fumaiolo*, il me fut impossible de recueillir des renseignements précis sur la route que je devais tenir pour l'atteindre, sur le temps que je devais consacrer à mon voyage, sur le lieu où je devrais passer la nuit. Par bonheur les cartes dressées par l'état-major italien se distinguent par une clarté et une abondance de détails qui permettent aux voyageurs de se lancer sans péril dans l'inconnu. Je constatai qu'il s'agissait pour moi d'une véritable expédition, que je prisse Bagno di Romagna ou Pieve Santo-Stefano pour point de départ.

Je me décidai pour cette dernière bourgade parce qu'assise sur le Tibre, qui n'est encore qu'un torrent, j'en pouvais remonter quelque temps le cours avant d'en atteinla source. Pieve Santo-Stefano n'offre, que je sache, aucun aliment à la curiosité du voyageur. La route qui s'en détache et qui, lorsqu'elle sera terminée, rejoindra Bagno di Romagna n'est carrossable que l'espace de six kilomètres. Il faut, au delà, la quitter pour se jeter dans un sentier qui suit la rive droite du fleuve en le dominant. Qualifié pompeusement de muletier par les gens de Pieve, ce chemin conviendrait à peine à des chèvres; coupé de rochers, semé de pierres roulantes, envahi parfois par les broussailles, côtoyant des précipices, c'est une *stradaccia a rompicolli*, selon l'expression d'une bonne vieille que je rencontrai assise sur un tronc d'arbre et qui voulut bien m'assurer que je tenais la bonne route. Mais la séduction qu'exercent sur l'homme épris des voyages les contrées sauvages ou à demi désertes est précisément faite de cet imprévu. Montées et descentes se succèdent maintenant à bref intervalle, tandis que le soleil darde, dans une atmosphère heureusement légère, des rayons de moins en moins obliques. Les arbres disséminés au hasard n'offrent que des abris fugitifs. Chaque fois qu'un ruisseau, tombant des montagnes, vient se jeter dans le Tibre, force est de descendre à son niveau, de le franchir en sautant de pierre en pierre et de remonter l'escarpement, car de plus en plus le torrent dévale entre des rives abruptes. A chaque pas. la région prend un caractère plus saisissant de grandeur sauvage; l'homme semble l'avoir désertée depuis des siècles. En face de moi surgissent des falaises à pic couleur d'ardoise. Le Tibre coule à leur pied; en roulant au milieu des rochers, il éveille des échos lointains. Dans le grave silence de la nature endormie, une rumeur confuse s'élève. De tous les côtés maintenant, l'horizon se trouve barré par des sommets sourcilleux auxquels de légers nuages semblent accrochés. Le fleuve décrit en bas une courbe immense dont la pointe extrême disparaît derrière une saillie de la montagne. Le chemin que j'ai suivi jusqu'à présent l'abandonne, tournant brusquement à gauche. D'abord il escalade des mamelons découverts que le soleil dévore, puis il pénètre dans un bois touffu, piquant vers Falera. Vue d'une éminence qui la domine, Falera apparaît, après une marche fatigante, ainsi que la Terre promise.

Si les guides disent vrai, en moins d'une heure j'aurai atteint le but de mon déplacement. Le *Monte Fumaiolo* est devant moi. Reste à gravir une dernière pente avant d'atteindre une ligne de rochers qui de loin semble devoir opposer une barrière infranchissable. En avançant, j'aperçois une brèche dans laquelle je m'engage, et, après une descente de quelques minutes, je suis en présence d'un ruisseau qui coule paisiblement sur de larges pierres plates, échelonnées en forme de gradins. C'est le Tibre : je l'avais quitté une heure auparavant mugissant au milieu d'un paysage tragique ; je le retrouve modulant une romance dans une nature d'églogue. A la vue de ce tableau bucolique, toute fatigue disparaît comme par enchantement. A mesure que l'on remonte le ruisseau, l'horizon s'élargit. Me voici traversant une prairie délicieuse, plantée d'arbres comme un jardin. Jamais, je pense, lieu célèbre n'a mieux justifié sa réputation. Sur le sol sablonneux pousse une herbe tendre. Les sentiers se croisent ainsi que les allées d'un parc. Les hêtres de petite taille, vieux comme le monde, semblent avoir été plantés de main d'homme, méthodiquement espacés; leurs troncs tourmentés et bizarres se dressent sur leurs racines apparentes avec des physionomies individuelles. Au-dessus de leur tête, le ciel est bleu, d'un bleu profond; l'air des hauteurs, frais et vivifiant, se joue dans leurs branches sans les secouer. Nous sommes à 1,268 mètres au-dessus du niveau des mers.

Bientôt le terrain se relève un peu; le ruisseau redevient babillard; il engendre une succession de cascatelles. Enfin mon guide, un gamin ramassé à Falera, me fait observer que le ruisseau dont nous remontons le cours se forme de la réunion de deux ruisselets. « Ce sont les veines du Tibre, » me dit-il, les *vene del Tevere*. Cette expression imagée peint à souhait le caractère original, je pourrais dire unique, de la source. Les deux ruisselets sont alimentés à leur tour par des filets d'eau plus minces encore qui sourdent on ne sait où parmi les fleurs. A essayer de les remonter tous, on perdrait sa peine, comme à vouloir suivre le réseau des veines sous la peau la plus fine et la plus transparente. Revenu près des cascatelles, j'avoue que je ne résiste pas au désir de recevoir sur mes épaules l'onde cristalline et fraîche du fleuve sacré; après quoi je m'étends par terre à l'ombre d'un hêtre touffu, *lentus in umbra... sub tegmine fagi*, ainsi que le berger de Virgile. Je me laisse pénétrer par le charme arcadien. Aucune trace d'homme autour de moi, nul vestige d'habitation! Je me remets en mémoire les vers du poète, au huitième chant de l'*Énéide*. Le Tibre apparaît à Énée sous les apparences d'un vieillard, la tête couronnée de roseaux, et il lui dit :

> « ... ego sum, pleno quem flumine cernis
> Stringentem ripas, et pinguia culta secantem
> Cæruleus Tibris, cœlo gratissimus amnis.
> Hic mihi magna domus, celsis caput urbibus exit. »
>
> (Je suis le fleuve aimé du Ciel, le Tibre à l'onde azurée, dont les flots abondants pressent ces rives et fertilisent ces grasses campagnes. Ici est ma superbe demeure et de hautes cités se dressent où commence mon cours.)

Sous le ciel bleu, à la grande lumière de juillet, l'onde du ruisseau ne mérite sans doute aucune des épithètes irrespectueuses dont on le gratifie quand, devenu plus imposant, il passe sous les arches du pont Saint-Ange. Elle est réellement couleur d'azur, mais où sont les hautes cités qui, au dire du poète, s'élevaient dans les lieux où je me trouve? Dorment-elles sous l'herbe, ensevelies dans un éternel oubli? Les âmes de leurs anciens habitants errent-elles la nuit sur ces bords déserts? Je préfère imaginer que les nymphes des eaux, les filles du Tibre à l'onde azurée, viennent quelquefois y danser en chœur quand leurs amis les dieux champêtres ne signalent, aussi loin que peut porter leur regard perçant, l'approche d'aucun représentant de la race dégénérée des hommes.

A TRAVERS

L'APENNIN TOSCAN

A TRAVERS L'APENNIN TOSCAN

La Toscane! nom magique fait pour évoquer dans toute âme accessible aux émotions intellectuelles des images prestigieuses : Florence et Sienne, Pise, Volterra, Arezzo; les Médicis et Savonarole, Dante et Machiavel, Michel-Ange et une phalange d'artistes dont la mémoire ne périra pas; le moyen âge italien et la Renaissance. Chacun connaît la Toscane ou croit la connaître, même ceux qui n'ont jamais franchi les Alpes, comme la Grèce semble familière à ceux qui n'ont jamais abordé ses rivages. On s'imagine connaître la Toscane parce qu'on a lu ses poètes et ses prosateurs, parce qu'on a étudié son histoire, admiré ses chefs-d'œuvre épars dans les galeries de l'Europe, parce que la gravure et la photographie ont popularisé ses monuments et que les paysages toscans apparaissent avec leurs caractères originaux dans le fond des toiles de l'école florentine. Illusion ! Parmi les voyageurs qui, venus de loin, ont parcouru l'antique Étrurie, combien lui ont demandé les montagnes sévères, les forêts profondes, les torrents dévalant de cascades en cascades dans les vallées, les solitudes ? Ces spectacles, pourtant, on peut les trouver non loin de Florence, presque aux portes d'Arezzo. Sur la région qui répond au nom peu connu de Casentino, la nature a répandu ses dons d'une main prodigue, et, par surcroît, elle offre aux curieux d'art et d'histoire une source abondante de sensations fortes. N'allez pas chercher dans ce pays des édifices magnifiques, encore moins des musées! Par bonheur, le Casentino ne contient pas de musées. Mais vous y trouverez des ruines nombreuses, quelques *rocche* encore debout et, dans de simples églises ou des sanctuaires reculés, de merveilleuses faïences de l'école des Robbia. Ce qui constitue le charme secret de ces ouvrages, c'est qu'ils n'ont jamais quitté la place que l'artiste leur avait d'abord assignée. Et puis, dans ce coin du monde, tout ce qui vient des hommes date des siècles romantiques. Au moment où la campagne que baigne l'Arno encore hésitant se hérissait de forteresses, des ascètes fondaient dans les plis de la montagne des retraites inaccessibles. En bas, les passions guerrières et le fracas des armes; en haut, la méditation et la prière! Dante a connu cette époque et cette contrée. Il a combattu dans la plaine avec les Florentins; puis, exilé de Florence, il a erré par les sentiers de l'Apennin. Le « poème sacré » a célébré les hommes de guerre et les saints du Casentino en des vers qu'on répète d'un bout à l'autre de la Toscane. C'est dans cette région que je désirerais conduire sans trop de fatigue pour lui le voyageur épris d'inconnu.

EN BAS!

On appelle Casentino le district toscan qu'arrose le cours supérieur de l'Arno. Autour de la vallée, les montagnes forment un fer à cheval dont les branches, recourbées fortement, ne laissent entre elles que l'étroit espace par lequel le fleuve pénètre dans la vaste plaine d'Arezzo.

D'où l'on peut inférer sans témérité que la vallée casentine fut, à une époque préhistorique, un lac dont les eaux, grossies par les pluies et la fonte des neiges, finirent par rompre, vers le sud, la barrière qui offrait la moindre résistance à leurs efforts. L'Arno, qui prend sa source au pied du mont Falterona, traverse la vallée, roulant au milieu des cailloux entre des rives escarpées. Des arbres ombragent parfois son lit raboteux et son onde capricieuse. A droite et à gauche se déroule une campagne verdoyante qui rend amplement au paysan le prix de son labeur. Au penchant des collines, la vigne se marie au mûrier, tandis qu'à ses pieds jaunit le maïs. Le vin du Casentino était déjà estimé du temps de Laurent le Magnifique. Une ligne ferrée, partant d'Arezzo pour aboutir à Stia, dessert toute la vallée. La locomotive court, sans une hâte indiscrète, le long de haies d'acacias. A l'exception de Bibbiena et de Poppi, les stations ne sont que des bourgs et des villages. Sur les premiers escarpements, au-dessus des vignes, s'étalent des prairies, semées de bouquets de chênes et de châtaigniers séculaires. Au-dessus se dressent les sommets de l'Apennin couronnés de sapins et de hêtres pour la plupart. Vers l'occident, c'est le Prato Magno, anneau détaché de la chaîne principale, qui, s'abaissant graduellement, vient mourir dans la plaine, en face d'Arezzo. Au levant, c'est la chaîne apennine elle-même avec sa fière ligne de faîte et les chaînons qui s'y relient, dominés par la cime plus altière de la Falterona.

Dans cette campagne qu'arrose l'Arno, l'histoire du moyen âge a laissé sa griffe sous la forme de châteaux forts dont la plupart, bâtis sur des éminences, n'offrent plus aujourd'hui que des ruines. Ces *rocche*, au moyen âge, appartenaient presque toutes à la famille des Guidi, dont l'histoire se confond, trois siècles durant, avec celle du Casentino. Les érudits font remonter l'origine de cette maison féodale jusqu'à un certain Tegrimo, qui épousa, aux environs de l'année 921, Englarada, fille de Martin, duc de Ravenne. On veut que ces seigneurs fussent puissants et riches avant d'avoir été élevés par les empereurs à la dignité de comtes palatins. Ils auraient été confirmés, mais non pas établis dans leurs vastes domaines par les césars germaniques.

Un des descendants de Tegrimo fut Guido Guerra, dit le Vieux, brave et habile capitaine qui épousa l'héritière d'une famille florentine que la tradition rattachait à la « légende romaine », celle des Ravignani. La jeune femme, beauté accomplie, s'appelait Gualdrada ; son père, Bellincione Berti, passait pour un des cavaliers les plus irréprochables de Florence. Ces noms ont trouvé place dans *la Divine Comédie;* ils sont familiers à tous ceux qui, en Italie, se piquent d'honorer les belles-lettres. Cette union avait été conclue sous les auspices d'Othon IV, qui professait pour Guido Guerra une particulière estime. La famille des Guidi ne comptait pas alors de rivaux en Toscane. Tout incline à penser que de leurs vastes possessions territoriales ils auraient réussi, comme tant d'autres familles féodales, à composer une principauté indépendante, s'ils eussent renoncé en temps opportun aux usages lombards. La loi de succession à laquelle ils restèrent soumis exigeait qu'à chaque décès les biens du défunt fussent partagés par tête. En s'assujettissant à ces divisions perpétuelles, ils se privèrent inconsciemment de la seule arme qui pût leur assurer l'indépendance.

Parmi les châteaux des Guidi, quelques-uns étaient célèbres dans toute la Toscane : Porciano, Romena, Urbech, Pratovecchio, Battifolle, Poppi. Le dernier seul est demeuré debout; les autres ne présentent plus que des squelettes plus ou moins informes. Le château de Porciano, construit près de Stia, au pied des premiers contreforts de la Falterona, remonte, dit-on, à l'an mille. Il en reste une tour et quelques murailles imposantes. Romena n'est pas moins célèbre, en raison des souvenirs qui se rattachent à cette antique résidence des Guidi. Le bâtiment qui couronnait le sommet d'une colline s'est écroulé, couvrant de ses décombres un vaste espace. A Poppi, au contraire, le temps a dans une large mesure respecté l'œuvre des hommes. La petite ville s'étage sur un monticule, dominée par le château crénelé que construisit Arnolfo di Cambio. De loin l'édifice se détache en vigueur sur le fond des montagnes environnantes, évoquant de façon saisissante le souvenir du *palazzo vecchio* de Florence. La rencontre n'est pas fortuite, puisque Vasari nous apprend qu'Arnolfo di Lapo édifia le palais de la Seigneurie à l'image de celui des comtes de Poppi. Sur la porte d'entrée est campé un lion de pierre, emblème des Guidi. Quoique délabrée, la cour intérieure produit une impression inoubliable par l'originalité du cadre, l'inattendu des lignes architectoniques et le pittoresque de certains détails. Sous un toit violemment en saillie, se dresse contre la muraille un escalier découvert soutenu par des arcs lobés qui, toutes proportions gardées, rappelle celui du Bargello. Sur les murs fleurissent des écussons héraldiques sans nombre. Des appartements supérieurs, la vue embrasse la vallée tout entière. Il est regrettable que la décoration originale des salles et des galeries ait presque totalement disparu sous les restaurations ultérieures. On remarque pourtant une fresque dont le temps n'a pas eu raison. Deux personnages sont en présence, séparés par une fontaine, un homme et une femme. Dans la figure de l'homme, qui semble en acte d'adoration, des critiques autorisés ont cru démêler les traits du plus grand des poètes italiens; la femme, tout porte à le croire, portait le nom des Guidi. On va voir que cette opinion ne repose pas sur des données purement conjecturales.

L'histoire des Guidi se déroulait ainsi dans le cercle agité mais étroit de l'horizon féodal, lorsqu'une lumière inattendue vient l'éclairer soudain : elle entre en contact avec Dante Alighieri.

En 1289, les Florentins avaient déclaré la guerre aux gens d'Arezzo. La campagne fut conduite avec une vigueur peu commune. Florence avait pour capitaine un Français, messire Aymeric de Narbonne, accompagné de son mentor, ou, si l'on préfère, de son bailli, Guillaume de Durfort, un preux chevalier dans toute la force du terme, qui, à l'instar de nombreux cadets français, avait mis son épée au service de la cause guelfe, chère au Roi Très Chrétien. La rencontre survint près de Poppi, en un lieu nommé Campaldino.

Dante, on a les plus fortes raisons de le croire, combattit au premier rang de l'armée florentine; lui-même raconte que la bataille parut d'abord perdue pour ses compagnons d'armes, mais que peu après le combat changea d'âme. Après une résistance désespérée, les Arétins furent mis en pleine déroute. Leur évêque Ubertini tomba percé de coups aux côtés de Bonconte de Montefeltro. Les Florentins éprouvèrent aussi des pertes sensibles; Guillaume de Durfort, entre autres, mourut en combattant valeureusement. On peut encore voir son tombeau dans l'église de l'Annunziata, à Florence. L'œil est attiré sur un bas-relief sculpté figurant un chevalier armé de toutes pièces, en selle sur un destrier richement caparaçonné, tenant un écu d'une main, brandissant de l'autre une épée.

Les Guidi comptaient des représentants dans les deux camps. Dans les rangs des Florentins se trouvaient Alessandro da Romena; du côté des Arétins, Guido Novello, comte de Poppi. Ce dernier était un singulier personnage. Podestat de Florence, il avait rendu d'éminents services à la cité; puis, un beau jour, pour s'en payer sans doute, il s'était sans façon approprié de magnifiques armes appartenant à la commune et les avait transportées à Poppi. Il ne faisait, d'ailleurs, aucun mystère de son larcin. Ayant montré ce trophée à un sien parent, le comte Tegrimo, celui-ci émit cette réflexion ironique : « Il me semble que les Florentins sont de grands usuriers. » Si c'était une prophétie, elle ne tarda pas à se réaliser. Devenu podestat d'Arezzo, Guido prit part à la bataille de Campaldino; ayant vu les siens plier, il décampa sans vergogne et se retira dans ses domaines. Les Florentins, en rentrant chez eux, passèrent devant Poppi, qu'ils mirent à sac; dans le château, ils retrouvèrent les armes volées et les rapportèrent à Florence avec les autres fruits du pillage.

Dante appartenait à la faction blanche du parti guelfe; on appelait de ce nom à Florence les partisans de la vieille aristocratie. Les « blancs » se maintinrent longtemps au pouvoir. Le poète remplit dans la cité et au dehors d'importants emplois. Il était *prieur* au mois d'août de l'an 1300. Mais peu après, son parti s'étant brouillé avec Boniface VIII, le pape excommunia la cité. C'est alors que Charles de Valois se présenta devant Florence en pacificateur mandé par le pontife. On le reçut dans les murs, mais à peine y fut-il

installé qu'il leva le masque et établit les
« noirs » dans toutes les magistratures.
De nombreuses proscriptions suivirent ce
coup d'État. Dante fut exilé, puis condamné à être brûlé vif (1302).

Dante quitta Florence pour n'y plus
revenir. Son âme était remplie des images
du passé. Comparé à cette vision grandiose, le présent lui paraissait le comble
de l'ignominie. Il rêvait la restauration
de l'Empire uni à l'Église par un lien si
étroit que cette union se symbolisait dans
son esprit sous la forme de la robe sans
couture du Christ. L'empereur, à ses yeux,
était le descendant direct, le légitime héritier du peuple roi, des Augustes, de Charlemagne, le César marqué par Dieu pour
régner sur les hommes dans le temporel,
comme le vicaire de Jésus-Christ devait
les conduire dans l'ordre spirituel. Hors

de cette union mystique il n'y avait, il ne pouvait y avoir que confusion, transgression des lois divines et humaines, sacrilège, profanation. La restauration de l'Empire dans son intégrité, tel était le rêve ardent de l'Alighieri, un rêve superbe, mais chimérique, car, en descendant dans la tombe, le dernier des Hohenstauffen avait emporté l'étoffe dont on pouvait faire un empereur. De toutes parts, au lieu du retour à l'unité, de nouveaux royaumes surgissaient, des nationalités nouvelles commençaient à poindre. L'uniformité relative qui avait caractérisé le moyen âge en Occident perdait partout du terrain. Mais à l'esprit le plus perçant, l'avenir se dérobe sous des vapeurs impénétrables.

Dante semble avoir accepté la sentence de haine d'une âme philosophique. Il estimait sans doute qu'on pouvait se résoudre à vivre hors de Florence et que le monde était assez vaste pour offrir à un exilé des consolations dignes de lui. Est-ce alors que ses relations avec les Guidi prirent un caractère plus intime? Les documents qui permettraient de suivre le poète dans ses pérégrinations font à peu près défaut; on en est réduit, trop souvent, à des conjectures plus ou moins vraisemblables. Pour Alighieri, les Guidi, comtes palatins et membres de la cour impériale, étaient revêtus d'un caractère presque sacré. Il avait vu, non sans indignation, le peuple de Florence porter sur eux une main criminelle, donner leurs biens patrimoniaux à des étrangers qu'un vil désir de lucre avait attirés dans la ville. Il faut voir comme il invective contre ces nouveaux venus!

> La gente nuova, e i subiti guadagni
> Orgoglio, e dismisura han generata,
> Fiorenza, in te, si che tu già ten piagni.
> *Enfer*, c. xvi.

(La race neuve et les gains subits ont engendré en toi l'orgueil et les excès, ô Florence, et déjà tu pleures.)

Et il rappelle que les Guidi avaient hérité du palais des Ravignani, à la porte San Piero, palais que la révolution a fait tomber dans la main des parvenus.

> Sovra la porta, ch' al presente è carca
> Di nuova fellonia di tanto peso,
> Che tosto fia jattura della barca,
> Erano i Ravignani, ond' è disceso
> Il conte Guido, e qualunque del nome
> Dell' alto Bellincione ha poscia preso.
> *Paradis*, c. xvi.

(Près de la porte qui maintenant est chargée d'une nouvelle félonie, si lourde que bientôt elle fera périr la barque, étaient les Ravignani, desquels est descendu le comte Guido, et tous ceux qui ont pris le nom du grand Bellincione.)

L'exil mit le poète en rapport avec les Guidi da Romena. Bruni raconte que les proscrits choisirent sans délai Arezzo pour siège de leur action contre leur ingrate patrie, Arezzo, l'ennemie traditionnelle de Florence. Son évêque était alors Ildebrandino da Romena, partisan délibéré des blancs. Sous son inspiration, se forma un conseil de direction composé de douze membres. Dante prit rang parmi les conseillers. En même temps, les proscrits choisissaient pour capitaine Alessandro da Romena, frère de l'évêque (1). Cet Alessandro avait un neveu, Oberto, marié à Margherita, fille de ce Paolo Malatesta qui fut l'amant passionné de Francesca da Rimini. Les commentateurs de Dante, se reportant au

(1) Les assertions de Bruni ont été violemment contestées. Elles s'appuient néanmoins sur une lettre dont il est difficile de mettre en doute l'authenticité. Benoit II avait envoyé le cardinal Nicola da Prato à Florence pour y rétablir la concorde (1303). Celui-ci fit appel aux exilés pour les engager à déposer les armes. Alessandro da Romena, au nom du conseil, répondit à cette exhortation par une lettre dont il semble que la rédaction ait été confiée à Dante.

Voir: *Dante Alighieri. I Bianco-Ghibellini e i Romena*, par C. BARBAGALLO.

chant V⁴ de *l'Enfer*, estiment que si le poète a retracé dans des vers si pathétiques le supplice du malheureux Malatesta, c'est en souvenir et en considération de sa fille. Par une tendance naturelle au développement d'une hypothèse, on affirme que Dante a vécu familièrement à la cour de Romena.

Le château de Romena fut, à la vérité, le théâtre d'un fait historique qui a fourni à l'Alighieri le thème d'un des principaux épisodes de *l'Enfer*. Alessandro da Romena et deux de ses frères avaient attiré dans leurs domaines un faux monnayeur, du nom de mastro Adamo, qui, à leur instigation ou tout au moins à leur profit, falsifia les monnaies de Florence. Les fausses pièces furent découvertes et mastro Adamo brûlé vif, tandis que les Romena obtenaient de n'être pas poursuivis. Dans le huitième cercle de *l'Enfer*, Adamo apparaît hydropique, la bouche ouverte et convulsée, dévoré par une soif inextinguible, et s'adressant aux deux voyageurs, il leur dit ces paroles effrayantes :

« Regardez et voyez le malheur de mastro Adamo. J'ai eu, de mon vivant, tout ce que j'ai voulu, et maintenant, hélas! je désire une goutte d'eau. Les petits ruisseaux qui, du haut des vertes collines du Casentino, s'écoulent dans l'Arno, en creusant leurs canaux sur une terre froide et humide, me sont toujours présents; et ce n'est pas en vain, car leur image me dessèche encore plus que le mal qui décharne mon visage. La sévère justice qui me punit se sert du lieu où j'ai péché pour donner plus de force à mes soupirs. Là est Romena, où j'ai falsifié les monnaies frappées au coin de saint Jean-Baptiste, ce qui me fit laisser mon corps brûlé sur la terre. Mais si je pouvais voir ici les tristes âmes de Guido, d'Alessandro ou de leur frère, je ne donnerais pas cette vue pour les eaux de Fonte Branda. L'une de ces âmes est déjà dans l'enfer, si les ombres enragées qui parcourent l'abîme n'ont pas menti ; mais à quoi cela peut-il me servir, puisque mes membres sont liés ? Si j'étais assez léger pour pouvoir avancer d'une ligne en cent ans, je me serais déjà mis en route, quoique la vallée ait onze milles de tour et une demi-lieue de largeur : ce sont eux qui m'ont fait battre des florins de trois carats d'alliage. »

Ce morceau a soulevé des discussions sans nombre. On s'est demandé quels motifs avaient poussé le poète à prendre si résolument à partie les protecteurs de sa propre cause. La découverte d'une lettre de Dante aux neveux d'Alessandro da Romena ne fit qu'ajouter aux incertitudes des commentateurs. Dans cette épître, en effet, Alighieri, après avoir déploré la mort d'Alessandro et s'être excusé de ne pouvoir assister aux funérailles, qualifiait le défunt de *justissimus bonorum*. On a insinué, pour concilier ces extrêmes, que l'Alessandro pleuré par Dante n'était pas l'ancien général des proscrits, encore moins le mauvais génie de mastro Adamo. N'est-il pas plus simple de dire que le poète ne prend pas pour lui-même chacune des opinions qu'il place dans la bouche de ses personnages et que mastro Adamo reste seul responsable des invectives qu'il adresse aux Romena?

On veut aussi que Dante se soit installé en 1310 au château de Poppi. Le propriétaire du domaine de Poppi était, au commencement du quatorzième siècle, Guido da Battifolle. Ce seigneur avait épousé une

Gherardesca, fille ou nièce du malheureux Ugolino. On prétend que Dante aurait écrit pour la comtesse une lettre qui essayait d'attirer la bienveillance de l'impératrice Marguerite de Brabant sur les exilés florentins. On possède la lettre, mais quelques-uns s'accordent aujourd'hui à la considérer comme apocryphe. Il se peut, toutefois, que ce soit en pensant à Gherardesca que le poète ait tracé l'épisode qui a trouvé place dans le treizième chant de *l'Enfer*. La plainte d'Ugolino racontant la mort lamentable de ses fils au fond de la tour de Pise s'exprime en accents si pathétiques qu'après l'avoir entendue on voit presque sans horreur l'infortuné père dévorer le crâne de l'archevêque Roger, qui avait ordonné le supplice. On a quelques raisons de croire qu'une fresque à demi effacée du château de Poppi contient les traits du grand poète épique. Peut-être quelque document d'archives inexplorées viendra-t-il jeter une lumière inattendue sur ce mystérieux point d'histoire.

Cependant, un petit comte de Lutzelbourg avait été, en 1308, élu empereur sous le nom de Henri VII. Quoique pauvre, il n'en conçut pas moins le dessein de revendiquer à son profit l'antique héritage des Hohenstauffen. Il descendit en Italie. A cette nouvelle, Dante crut au miracle, tandis qu'il ne s'agissait que d'une de ces tentatives toujours vaines qui ont pour objet de ressusciter un passé à jamais disparu. La tradition prétend que Dante courut au château de Porciano pour engager le comte Bandino à soutenir la cause impériale de son épée et de son or. Il voyait dans le concours des Guidi la cause efficiente qui seule pouvait permettre au parti gibelin de relever la tête. Il paraît que le comte Bandino fit au poète un accueil empressé. C'est probablement de Porciano que l'Alighieri écrivit, le 31 mars, la terrible lettre aux Florentins dans laquelle, après les avoir qualifiés de gent très scélérate, il leur enjoignait d'avoir à se soumettre purement et simplement à l'autorité légitime. Nouvelle lettre le 16 avril suivant, mais directement adressée cette fois à Henri VII. Dante y conjurait ce prince de marcher sans aucun délai sur Florence et d'y étouffer l'hydre de la rébellion. Les lettres sont datées des confins de la Toscane *sotto la fonte dell'Arno*. Comment ne pas voir dans ces derniers mots la désignation claire du domaine de Porciano?

On sait ce qu'il advint de l'équipée impériale. Comme il fallait s'y attendre, elle échoua piteusement. Henri VII mourut en

1313, sans qu'on sût au juste quelle maladie l'avait conduit au tombeau. Cependant les Florentins, courroucés des invectives de Dante, avaient mandé à Porciano un orateur chargé de réclamer la personne de leur grand ennemi. Le comte Guidi, informé de la démarche qu'on allait tenter près de lui, engagea le proscrit à chercher son salut dans la fuite. Celui-ci s'éloigna tristement. Sur la route, il croisa l'envoyé florentin. Quoique compatriotes, ils ne se connaissaient pas. L'orateur s'enquit auprès du fugitif si Dante Alighieri se trouvait encore à Porciano. « Quand j'y étais, il y était, » se contenta de répondre le proscrit. La phrase est presque trop lapidaire pour avoir été dite.

C'était en lui-même que l'exilé trouvait des consolations. On a écrit des volumes sur les amours de Dante. La critique moderne a fait justice de bien des fables. Il n'en reste pas moins hors de doute que les femmes aient joué un rôle important dans l'existence du poète. Eût-il été vraiment poète sans cela? Béatrice, ou du moins la femme qu'il a désignée sous ce nom symbolique, apparut la première sur son chemin comme l'étoile matinale : sur-le-champ il lui voua un culte passionné. On sait qu'elle mourut jeune; son image resta gravée dans la mémoire de son amant, parée des grâces que l'âge n'eut pas le temps de flétrir. C'est ainsi qu'elle devint après sa mort la muse sur laquelle le poète tenait constamment les yeux fixés; figure immatérielle, impalpable, elle l'accompagnait dans ses méditations, aux heures où son âme exaltée enfantait des œuvres sublimes; mais cette image radieuse, qui flottait devant ses yeux, semblable à un de ces esprits qu'il rencontra dans son voyage extraterrestre, ne suffisait pas à remplir son cœur prêt à toutes les émotions et ne l'empêcha pas en fait de s'émouvoir au contact d'autres femmes. Ce fut d'abord une inconnue, une Florentine qui s'offrit à ses regards sous la forme d'une consolatrice. Cette *donna pietosa,* qui devenait « d'une couleur pâle comme celle de l'Amour » chaque fois qu'elle voyait passer le poète désolé de la perte de sa jeune amie, parvint à lui faire oublier sa peine. Puis vint l'amour conjugal avec Gemma Donati et les quatre enfants qu'elle lui donna. Cependant les années passaient, les épreuves fondaient sur la tête de l'exilé, les illusions de la politique s'évanouissaient les unes après les autres comme des fleurs fanées; le cœur du poète restait jeune et ardent, comme son imagination demeurait fraîche et immaculée. En 1310 ou 1311, il s'éprit de nouveau, d'une Casentine cette fois. Une lettre écrite par lui au marquis Moroello, probablement de Porciano, apprend « qu'à peine avait-il touché les sources de l'Arno, une femme avait paru à ses yeux, et qu'en dépit de ses efforts Amour l'avait réduit à sa puissance ». La découverte de cette lettre confirme la légende de cette passion qui avait triomphé de ses fières mais téméraires résolutions. Dante mourut au mois de septembre 1321, sans avoir revu sa patrie. Il fut, il est vrai, rappelé de l'exil en 1316, alors que le comte Guido da Battifolle était podestat; mais, pour rentrer en grâce, il eût fallu souscrire à d'humiliantes conditions. La gloire du poète exigeait qu'il demeurât jusqu'au bout inflexible et malheureux.

Cependant l'étoile de la maison Guidi pâlissait à mesure que celle de Florence s'élevait radieuse au-dessus de l'horizon. Il convient de lire Giovanni Villani pour prendre une juste idée du degré de puissance auquel la République avait atteint dans la première moitié du quatorzième siècle. Le crédit de l'univers semblait concentré dans ses banques. Les États aux abois venaient frapper à sa porte. Dans son sein, les arts commençaient à fleurir. Riche, ambitieuse, forte des *condottieri* et des mercenaires qu'elle entretenait, la cité du lys rouge attirait peu à peu dans son orbite toutes les contellations qui avaient jusque-là gravité autour d'elle. Pour n'avoir pas su se rendre indépendants lorsqu'il en était temps encore, les Guidi durent se résigner à subir la loi commune.

Guido Alberto de Porciano fut le premier frappé. Ayant pris part à une conspiration des magnats contre la République, il fut cité à comparoir. Sans égard pour le caractère de l'envoyé florentin chargé de lui notifier la sentence, le comte le contraignit à avaler parchemin et cachet. Une injure aussi grave ne resta pas impunie. Il fut inexorablement condamné, et le 20 mars 1349 le château était confisqué au profit de la République. Peu de temps après, en octobre 1357, les comtes Bandino et Piero vendaient le château de Romena aux Florentins, moyennant le payement de neuf mille six cents florins d'or.

La branche de Poppi se maintint plus longtemps dans ses possessions. Il arriva, toutefois, qu'au milieu du quinzième siècle le comte Francesco commit l'imprudence de s'allier au duc de Milan, lointain seigneur, contre la république voisine. Il combattit, à côté de Piccinino, dans cette fameuse journée d'Anghiari où, selon Machiavel, après six heures de combat, il y eut un seul homme de tué. Vaincu dans ces « grandes manœuvres » académiques, Piccinino battit en retraite, laissant le comte de Poppi exposé à la colère des Florentins. La ville de Poppi fut assiégée. Le château, dépourvu de garnison, dut ouvrir ses portes. Francesco n'obtint d'autre grâce que de pouvoir sortir de la place avec ses bagages. La puissance des Guidi avait vécu. Leurs tombeaux eux-mêmes ne se retrouvent plus dans le cloître du monastère de San Fidele : une inscription établit que la démolition de ces sépulcres eut lieu par ordre de Pie V.

Sous la domination de la Seigneurie, surtout pendant le règne des Grands-

Ducs, la quiétude reparut dans la vallée. L'appareil guerrier s'effaça peu à peu; les échos de la montagne cessèrent de retentir du bruit des chevauchées, du fracas des armes; les vieilles tours crénelées s'écroulèrent sur les castels abandonnés. Cependant aucune grande ville ne se fonda sur les rives de l'Arno supérieur. Bibbiena et Poppi sont les seuls centres dignes d'être nommés, avec Stia peut-être. Poppi, toujours dominé par son château romantique, s'arrondit sur une éminence isolée. C'est là que naquit Mino, improprement appelé da Fiesole. Le maître n'y a laissé aucun monument durable, tandis que plusieurs terres cuites charmantes rappellent le souvenir des Robbia. Bibbiena est également bâtie au sommet d'un mamelon escarpé. Elle a des maisons écussonnées qu'elle pare du titre de palais; elle a San Lorenzo, petite église à laquelle les restaurations modernes n'ont rien retranché ni rien ajouté, mais qu'illustre un retable d'Andrea della Robbia. Si le nom de cette petite ville est dans toutes les mémoires, c'est qu'elle donna le jour à ce Bernardo Dovizio, si connu dans l'histoire sous le nom de cardinal de Bibbiena. C'était un familier des Médicis qui a joué un rôle dans l'élection de Léon X; c'était un mécène qui couvrit Raphaël de sa protection; c'était un lettré dont la *Calandra*, imitée de Plaute, obtint un succès éclatant. Ces titres, acquis à une époque environnée de tant d'éclat, ont suffi pour garantir de l'oubli le nom du prélat et pour en tirer celui de sa ville natale.

A parcourir la vallée dans tous les sens, on aurait à citer bien d'autres *paesi*. Stia et Soci ont leurs manufactures; Chiusi se vante, non sans quelque apparence, d'être la patrie de Michel-Ange; la Madonna del Sasso possède quelques œuvres qui méritent d'être regardées. Mais, après avoir erré dans la plaine chauffée par le soleil, j'éprouve la tentation de conduire le lecteur dans les plus fraîches et les plus reposantes retraites de la montagne.

DANS LES PLIS DE LA MONTAGNE

CAMALDOLI

Si la vallée est hérissée de forteresses démantelées, de vieux monastères, cachés dans les plis de l'Apennin, présentent une autre face du moyen âge italien. En 1012, saint Romuald fondait, avec la coopération du comte Maldolo, l'ermitage de Camaldoli; en 1213, le comte Orlando Cattani donnait le domaine de la Verna au saint d'Assise pour qu'il y installât des religieux. Dante, qui a été l'hôte des seigneurs d'en bas, a visité des sanctuaires des hauteurs : dans son poème universel, il a chanté les hommes d'armes et les ascètes.

Des montagnes verdoyantes ou rocheuses qui l'entourent, tombent dans la vallée de l'Arno un grand nombre de cours d'eau nés sous les hêtres. Ils dévalent en chantant l'été, en grondant l'hiver, et creusent dans leur course d'autres vallées plus étroites.

Ainsi, avant de déboucher dans la plaine d'Arezzo, le fleuve qui plus loin reflétera les édifices de Florence et de Pise reçoit le Solano, l'Aretriano, le Corsalone, la

Rassina et le Salutio, dont les eaux se gonflent les jours d'orage et se précipitent en éveillant des échos sonores. Il reçoit aussi l'Archiano.

>   appiè del Casentino
> Traversa un' acqua ch' La nome l'Archiano,
> Che sovra l'Ermo nasce in Apennino.
>   (DANTE, *Purg.* c. v.)

(Au pied du Casentino passe un ruisseau qu'on nomme l'Archiano qui nait au-dessus de l'Eremo dans l'Apennin.)

Dante veut que ce soit sur les bords de ce torrent que soit mort Bonconte da Montefeltro en combattant pour les Arétins dans la journée de Campaldino. Son corps ne fut jamais retrouvé; le poète explique sa disparition de la façon suivante. Le démon aurait, après la bataille, enflé soudain les eaux du torrent, qui auraient emporté le corps à jamais disparu dans les flots tumultueux de l'Arno.

Quant à l'ermitage — l'*Eremo* — auquel Dante fait allusion, c'est celui que fonda saint Romuald l'an 1012 de notre ère. On aimerait posséder sur la vie de ce saint des données reposant sur un faisceau de documents authentiques. Il est regrettable qu'une étude de ce genre n'ait pas tenté quelque érudit de race. A défaut de monuments historiques passés au crible d'une critique sévère, il reste la tradition, qu'on ne doit pas confondre avec la légende. Je la donne telle que je la trouve rapportée par les auteurs les moins épris de merveilleux.

Romuald descendait d'une famille illustre qui avait dominé à Ravenne, celle des Orvieti. Il naquit en 967. Moroni assure que le jeune homme, atterré d'avoir vu son père tuer en duel un de leurs parents, revêtit le froc des bénédictins. L'âge était véritablement de fer. La violence régnait partout en souveraine, l'ordre n'était nulle part. Le sanctuaire lui-même ne parvenait plus à imposer le respect. Tandis que, pendant le cours du dix-neuvième siècle, six papes seulement se sont succédé sur la chaire de l'Apôtre, le dixième siècle en avait vu passer vingt-six, sans, bien entendu, parler des antipapes. Aussi, comme la foi s'était maintenue intacte dans les âmes, nombre d'hommes allaient chercher au fond du cloître le repos que le monde leur refusait. Sous l'habit de saint Benoît, Romuald se rendit célèbre. Animé d'une ardeur communicative, il trouvait sans cesse des ressources pour fonder de nouveaux couvents, des recrues pour les peupler. Son cœur restait pourtant inassouvi. Il se peut que sa conscience se troublât à la vue des maux qui affligeaient la famille bénédictine. Les religieux de l'ordre s'étaient insensiblement écartés de la lettre des constitutions fondamentales, plus encore de leur esprit. Le vieux monachisme inclinait en Italie vers sa ruine. Afin de pouvoir résister à l'ambition et aux convoitises des puissances du jour, l'Église avait pris place dans les cadres de la féodalité. On rencontrait des abbés parés du titre de comte; ils avaient des vassaux et des hommes d'armes; les monastères étaient munis de créneaux et de tours. Les moines prenaient parti dans la lutte des factions. Or, c'est une loi qui ne souffre pas d'exception : dès qu'une institution s'éloigne de son principe, elle dépérit. La puissance temporelle de l'ordre bénédictin, l'opulence des monastères, engendrèrent mille passions humaines incompatibles avec la règle; on cherchait en vain, au commencement du onzième siècle, les moyens de la rétablir dans son intégrité primitive. Sur ces entrefaites, un admirateur de Romuald, le comte Maldolo d'Arezzo, noble et riche autant que généreux, mit à la disposition du religieux un vaste domaine qu'il possédait dans la montagne casentine. Cette propriété s'appelait le *Campus amabilis*. Romuald accepta la donation. Avec quelques compagnons, il vint s'établir dans ce lieu, afin d'y mener, dans toute sa rigueur, la vie érémitique. L'endroit était sauvage, éloigné de tout centre habité, perdu au milieu des sapins, envahi par les neiges dès le mois de novembre. Mais l'entreprise correspondait à l'état d'âme du siècle : elle obtint un plein succès. La solitude paraissait alors le seul refuge contre les pièges du monde, le silence l'unique remède. Dans la contemplation muette, la créature effrayée des crimes de la terre, bouleversée à la pensée des terribles effets de la colère divine, se repliait sur elle-même, tremblante, avide de prière. Romuald entendait restaurer à l'*Eremo* la manière de vivre des anciens anachorètes. Pour marquer la greffe, il changea la couleur du vêtement de ses compagnons, en substituant une robe blanche au froc noir des bénédictins.

Cette tentative avait fait grand bruit; la foule accourut, avide d'approcher les cénobites. Une difficulté se présentait : où loger ces pèlerins et comment concilier les devoirs de la loi ascétique avec ceux de l'hospitalité? Romuald fut contraint d'aviser. A une lieue environ de l'*Eremo*, dans un lieu plus bas, partant moins froid, était une belle maison défendue par une tour, l'ancienne villa, le rendez-vous de chasse du comte Maldolo. Romuald la transforma en hospice ou *foresteria*. Les voyageurs et les pèlerins devaient y être logés et nourris gratuitement. A l'hospice on adjoignit bientôt un monastère où quelques religieux du nouvel ordre, soumis à une observance moins rigoureuse, étaient voués au service des étrangers. La villa se nommait le *Campus Maldoli*. C'est en raison de leur résidence que les religieux de Romuald ne furent bientôt plus connus que sous l'appellation de *Camaldoli* ou « camaldules ». Romuald mourut en odeur de sainteté, l'année 1027. Cinq ans plus tard, Jean XX le rangeait au nombre des bienheureux; mais ce fut seulement en 1595 qu'il fut canonisé par Clément VIII. Longtemps avant cet acte tardif, Dante lui avait assigné une place auprès des plus grands saints du Paradis :

> Qui è Macario, qui è Romoaldo;
> Qui son li frati miei che dentro a' chiostri
> Fermàr li piedi, e tennero 'l cor saldo.

(« Voici Macaire et voici Romuald ; voici mes frères qui s'enfermèrent avec moi dans le cloître et eurent un cœur persévérant, » dit la Voix au xxiie chant du *Paradis*.)

Romuald n'avait pas formulé de règle : son exemple servait de leçon à ses compagnons. Les constitutions qui régissent l'ordre furent rédigées après sa mort. Après avoir énuméré les exercices spirituels, elles ordonnent aux religieux de pratiquer la charité et l'hospitalité. Ermites et moines, soumis à des régimes différents, étaient gouvernés par un abbé commun. L'ermitage et le couvent se complétaient l'un l'autre, formant les deux parties distinctes d'un tout homogène. Le monastère devint avec le temps une maison de préparation pour les novices, une maison de retraite pour les vieillards et les infirmes. Le blason des Camaldoli symbolise cette union intime. On y voit, sur champ d'azur, deux cigognes d'argent buvant à un calice de même, lequel est surmonté d'une étoile de même.

Je ne suivrai ni l'histoire générale des Camaldules, ni celle de leur maison mère. Empereurs et papes comblèrent celle-ci de faveurs, de privilèges, de donations. Les comtes Guidi se rangèrent parmi ses bienfaiteurs. La République florentine prit, en 1382, l'*Eremo* et ses dépendances sous sa protection. Néanmoins, la guerre et les incendies détruisirent plus d'une fois le monastère : il renaquit toujours de ses ruines. Il arriva que ses richesses tournèrent au détriment de la règle, qui se relâcha. L'historien Fortunio assure qu'au seizième siècle l'abbé de Camaldoli, comte de Badia a Prataglia et de Moggione, étendait sa juridiction sur quatre-vingt-deux terres ou châteaux. Il conserva ces fiefs jusqu'en 1776, époque à laquelle le régime féodal fut aboli en Toscane. La loi de 1886, en sécularisant les biens du clergé, acheva la spoliation des Camaldules.

Ces moines furent des érudits. Au moyen âge, ils copiaient les manuscrits; après l'invention de Gutenberg, ils introduisirent une typographie dans l'enceinte de leur monastère. Les *Annali Camaldolensi* qui sortirent de leurs presses composent un recueil précieux pour l'histoire. Ambrosio Traversari, un de leurs généraux, peut être rangé comme un des promoteurs des études humanistes dans la première moitié du *quattrocento*, et il fut l'âme du concile de Florence sous le pontificat d'Eugène IV. Plus tard, aux plus beaux jours de la Renaissance, ces moines tinrent dans la grande salle du couvent des « académies » célèbres. Laurent le Magnifique et Julien de Médicis les présidèrent. Marsilio Ficino, Landino, Leon Battista Alberti, vinrent y traiter des questions de philosophie et de littérature.

La règle prescrivait aux Camaldules — et c'est là une particularité caractéristique — de veiller à la conservation des forêts. Il était défendu aux moines d'introduire du bétail sous bois, de tailler, d'abattre les arbres. Ils étaient tenus, sous les peines les plus sévères, de procéder à des plantations périodiques de sapins. Ainsi se forma l'admirable forêt qui entoure l'ermitage et le monastère d'une ceinture verdoyante.

Une route carrossable mène en deux heures de Poppi ou de Bibbiena à Camaldoli et se poursuit, par un embranchement, jusqu'à l'*Eremo*. Après avoir escaladé les mamelons pelés, la voiture descend dans un vallon retiré que surplombent de véritables murailles de sapins. Sur une sorte de relèvement du sol, au-dessus d'un torrent, se dresse un groupe de bâtiments sévères, appuyés sur de hauts contreforts. Pas d'autre habitation alentour, si ce n'est une maison, actuelle résidence des administrations du domaine de l'État.

Au moment de la confiscation, le monastère comprenait un corps de logis affecté à l'usage immédiat des moines, l'église et la *foresteria* où les pèlerins recevaient gratuitement le gîte et la nourriture. Les moines ont conservé le couvent proprement dit, moyennant un loyer qu'ils payent à l'État : on y rencontre un grand cloître, dénué de tout caractère, avec un jardin où les légumes poussent aux dépens des fleurs; des cellules en grand nombre, vides pour la plupart; deux chapelles affectées aux offices monastiques et un réfectoire. L'église, plusieurs fois remaniée, mérite à peine une mention.

Pour la *foresteria*, elle est devenue tout ensemble l'hôtel Chiari et l'auberge Pisello, le premier installé dans les étages supérieurs du bâtiment, la seconde établie dans les parties basses, autour d'un cloître roman, d'un caractère sobre et élégant tout ensemble. Hôtel et auberge font bon ménage, bien qu'aucune barrière visible ne délimite leurs domaines respectifs. J'ai assisté, certain soir, sous le portique de ce cloître, au spectacle donné par un guignol du cru. Aux lueurs d'une lumière indécise, se déroulaient les *Amours de Romeo et de Juliette*, avec force horions distribués par les parents aux jeunes gens et non sans l'intervention inévitable du diable. Les enfants de l'hôtel rangés sur des sièges, les paysans juchés sur le bahut de pierre qui sépare les galeries du préau, formaient un auditoire attentif et pittoresque. Pour un rien, on se serait cru au moyen âge, dans une de ces hôtelleries où on logeait le voyageur à pied et à cheval.

Ce qui constitue le charme particulier de Camaldoli, c'est la forêt qui l'entoure et qui vient mourir au pied du couvent (1). Les sentiers qui s'entre-croisent à l'infini forment un labyrinthe dans lequel le novice ne doit s'aventurer que la carte du pays à la main. Ces bois revêtent, pendant la belle saison, un caractère qui leur est propre. Même sous le couvert épais des

---

(1) La superficie de la forêt inaliénable de Camaldoli, composée surtout de sapins blancs, est de 1,442 hectares.

sapins, arbustes et plantes poussent à souhait sur un tapis gazonné. Les ruisseaux serpentent au milieu d'une végétation toute méridionale. Les plantes aquatiques étalent leurs larges feuilles sur la surface des eaux. Partout des fougères, des genêts, des fleurettes sauvages et multicolores qui embaument l'atmosphère, surtout après les terribles orages qui baignent la terre altérée. Partout des noisetiers, des mûriers sauvages. Là où le soleil réussit à glisser ses rayons, les framboisiers se couvrent de fruits à la fin de juillet, les fraises apparaissent innombrables au milieu des herbes. Le tronc des arbres, les rochers se parent d'une mousse épaisse, douce comme du velours frappé. La lumière éclatante, filtrant à travers la frondaison, allume toute une gamme de verts. Au sortir d'une sapinière ténébreuse et saturée d'humidité, on débouche dans un *prato*, prairie supérieure, ombragée çà et là par des hêtres touffus ou des châtaigniers centenaires aux troncs creux et vénérables. C'est alors, après une ascension fatigante, une volupté indicible de s'étendre sur l'herbe dans la tiède atmosphère des hauteurs. Mais ce qui communique à ces sites leur caractéristique, c'est le silence qui y règne invariablement. Sauf la brise qui soupire dans le feuillage et les ruisseaux qui murmurent leur monotone cantilène, rien n'éveille les échos de la forêt. Très peu d'oiseaux dans les branches, pas de quadrupèdes franchissant affolés les sentiers solitaires (1). Il semble que la flore ait tué la faune. L'homme

(1) Les tables publiées par M. C. Beni, dans son excellent guide du Casentino, ne contiennent, toutefois, pas moins de 269 espèces représentant la faune de la région casentine.

même semble exilé de ce coin du monde. Un nombre infime de touristes, presque pas de villages, rares même les habitations isolées (1). Les quelques hommes qu'on rencontre aux environs de Camaldoli sont des gardes forestiers ou des bûcherons au service de l'État; les femmes, des chercheuses de fraises et de frambroises. Aussi la forêt semble-t-elle former un immense parc dont le monastère serait le château.

Et cette forêt, il ne faut pas l'oublier, est échelonnée sur les pentes accidentées de l'Apennin. Les plus beaux points de vue se rencontrent dans les environs du couvent. Pour y arriver, on n'a que l'embarras du choix parmi les chemins om-

---

(1) Avec ses 800 kilomètres carrés, le Casentino ne comptait que 22,000 âmes en 1810. Il y en avait 45,000 en 1881. La population y monte rapidement comme dans la plupart des provinces italiennes. Il convient de noter que les petites villes et les villages du bas pays renferment le plus clair de cette population.

breux qui circulent à travers la sapinière, en sorte qu'au plus fort de la canicule, sous un ciel sans nuages, on peut en plein midi se mettre en route sans risquer le moindre coup de soleil. Montez au *Cotozzo* qui domine Camaldoli, ou mieux encore au *Poggio di Moschino*, à 1,100 mètres environ au-dessus du niveau de la mer. Tout en cueillant des fraises parmi les genêts, vous verrez la vallée de l'Arno se développer à vos pieds avec ses monticules parés de villages ou de ruines, le ruban chiffonné du fleuve, la tour du château de Poppi, élégante et frêle miniature. Si la lourde barrière du *Prato Magno* barre brutalement l'horizon du côté du soleil couchant et dérobe Florence à votre vue, dans la tache ouatteuse qui flotte à l'extrême midi vous devinez Arezzo. Puis, en vous retournant, comment ne pas être saisi du contraste :

un vaste panorama de montagnes couvertes de sapins, avec leurs saillies, leurs enfoncements, leur enchevêtrement, pittoresques de formes, chatoyantes de couleurs, dans la bleuâtre atmosphère des après-midi d'été.

L'*Eremo* a été construit à 1,122 mètres d'altitude, dans un site sauvage qui prend une physionomie alpestre lorsque, vers le mois d'octobre, les neiges envahissent ces hauteurs. La retraite des ermites n'a d'autre horizon que la crête des montagnes qui l'encadrent. Elle commande une sorte d'amphithéâtre cerné de tous les côtés par des sapins séculaires dans lesquels on a pratiqué, pour le plus grand déplaisir des yeux, des coupes récentes. Quand je le visitai pour la première fois, j'éprouvai une sensation analogue à celle que m'avaient autrefois procurée certaines *fazendas* brésiliennes perdues au milieu des forêts vierges. De loin, cet ermitage, clos de murs, avec ses vingt et une maisonnettes, son église, ses vastes communs, ressemble à un village d'autrefois ceint de ses défenses. Les cellules sont disposées symétriquement en cinq ordres, séparées par des allées parallèles. Chaque cellule renferme une chambre, un oratoire, un passage d'entrée, une pièce pour le bois de chauffage, enfin un jardinet où les légumes poussent fraternellement avec les fleurs.

L'une d'elles a été habitée par saint François d'Assise pendant le court séjour qu'il fit à l'*Eremo*. Une autre, écussonnée aux armes des Médicis, a été bâtie aux frais d'une princesse de cette maison qui avait, sous des habits d'homme, violé la clôture. On montre également la retraite de saint Romuald et une chapelle où il eut une vision.

L'église est d'un rococo désolant. Encastrée au-dessus de la porte d'entrée, une madone attribuée sans preuves à Mino da Fiesole. La chapelle de Sant'Antonio, au contraire, contient un retable en faïence émaillée qui est l'œuvre d'Andrea della Robbia. Ce tableau d'autel représente la Vierge portant l'Enfant Jésus. Quatre saints l'accompagnent. Deux anges élèvent une couronne au-dessus de sa tête. Dans le tympan, Dieu le père bénit. C'est une création pleine de grâce où l'influence de la Renaissance se fait sentir, notamment dans la figure de saint Sébastien. L'espace manque dans la partie supérieure, où les anges ont peine à se mouvoir. Ce défaut s'explique par l'exiguïté même de la chapelle. Transporté dans un musée, le tableau soulèverait des critiques auxquelles on serait fort embarrassé de répondre.

Tel est le lieu encore habité à l'heure qu'il est par les ermites de saint Romuald. Comme il est naturel, la règle a subi avec le temps de notables adoucissements; elle n'en est pas moins restée fort rigoureuse. Les pères prennent leurs repas seuls, dans leur cellule respective; la nourriture, invariablement maigre, leur est distribuée au moyen d'un tour. Ils sont astreints au silence quatre jours sur sept. Trois fois par semaine, ils ont la faculté de descendre au couvent de Camaldoli. Ils assistent à sept offices dans les vingt-quatre heures, et cette obligation ne souffre aucune exception. Les moines de Camaldoli ne sont au contraire tenus au maigre que le vendredi et le samedi, et ce n'est qu'au réfectoire que le silence est de rigueur. En ce moment, l'*Eremo* compte seize religieux, dont sept pères; le couvent, dix-sept moines. Autrefois, une riche bibliothèque et des archives fort anciennes permettaient aux Camaldules les patientes recherches et les travaux de longue haleine. Livres, manuscrits et parchemins ont été confisqués au profit de l'État. Éloignés par la force des choses des occupations intellectuelles, les religieux de saint Romuald ont plus de loisirs que par le passé. Vêtus du froc blanc, un chapeau de paille à larges bords sur la tête, on les rencontre fréquemment, l'été, sur la route rocailleuse qui relie Camaldoli à l'*Eremo*. Leur grave silhouette jette une note originale de plus dans le paysage.

LA VERNA

Deux siècles s'étaient écoulés depuis que Romuald s'était retiré avec ses ermites dans les solitudes de Camaldoli, deux siècles tragiques pour l'Italie. La lutte des papes et des empereurs se poursuivait au premier plan avec des alternatives diverses. Plus bas, l'agitation ne connaissait pas de trêve. Bien que les cités tendissent à s'émanciper, la révolution ne s'accomplissait qu'au profit de certaines classes; l'âge restait de fer pour les petits et pour les faibles. Le commerce enrichissait les négociants, mais l'opulence ne faisait que dresser de nouvelles barrières entre les hommes. La féodalité restait maîtresse de ses positions dans les campagnes. Toujours en butte aux factions, le pape ne parvenait pas à vivre en paix avec les Romains; l'épiscopat lui échappait; il n'était pas jusqu'à la milice monastique qui ne méconnût fréquemment son autorité. N'avait-on pas vu un abbé du Mont-Cassin pactiser ouvertement contre lui avec l'empereur? C'est pourquoi le peuple pressuré, mais inébranlable dans sa foi, vivait dans de perpétuelles inquiétudes, cherchant en vain l'appui spirituel dont il avait un si pressant besoin. Il semblait que Dieu l'eût abandonné. Les clercs ne l'entretenaient que de la colère divine, des châtiments d'outre-tombe. Les justes eux-mêmes et les saints, désespérant de corriger le monde, le fuyaient comme un piège. C'est à cette génération d'hommes que François d'Assise apparut, nouveau Messie. Il passa sur cette terre comme une vision radieuse. Les fautes de sa jeunesse attestent seules qu'il naquit avec le sceau de la tare originelle. A un siècle prosterné devant la force et devant l'or, il prêcha l'amour du prochain et le renoncement volontaire. Loin d'aller chercher dans la retraite un repos égoïste, il voulut vivre parmi les hommes et pour eux, afin de soulager leur misère et de déposer un rayon d'espérance au fond de leur cœur. Nul n'a compris François comme Dante. Il semble que l'âme du Mineur ait passé tout entière dans celle du poète quand il composa ce chant XIe du *Paradis*, hymne imprégné d'une tendresse infinie pour celui qui avait tant aimé les créatures de Dieu. Le mariage mystique de François avec la pauvreté (1)

---

(1) Dante a, d'ailleurs, trouvé l'idée de ce mariage mystique dans un opuscule franciscain du treizième siècle, écrit en latin, sous ce titre : *Sacrum commercium beati Francisci cum domina Paupertate*.

> Questa, privata del primo marito,
> Mille e centi anni e più dispetta e scura

(Laquelle, délaissée et obscure, était veuve de son premier mari depuis mille et cent ans et plus.)

forme une allégorie si touchante que Giotto, en dépit de l'impuissance de la peinture à représenter des symboles, voulut le reproduire sur les murs de l'église inférieure d'Assise.

La voix du *porerello* résonna aux oreilles de la chrétienté comme un chant de la délivrance. Riches et pauvres, grands et petits s'émurent au contact de cette humilité, de cette charité, de cette amabilité inaltérables. Et ce fut un élan irrésistible vers le doux réformateur. Au printemps de 1213, François, voyageant avec un de ses compagnons, arriva devant le château de Montefeltro, au moment où on allait célébrer un tournoi. On sortait de la messe. Le saint monta sur une pierre et prononça une harangue qui toucha les assistants. L'un d'eux, Orlando Cattani, comte de Chiusi, voulut, séance tenante, se convertir. François lui conseilla d'abord de prendre sa place au tournoi. Orlando obéit, puis offrit au religieux, en toute propriété, un lieu sauvage, très propre à la méditation. Contre son habitude, François accepta le don : le domaine était le mont de la Verna.

La Verna devait être, au treizième siècle, ce qu'elle est encore aujourd'hui : une montagne et une forêt. La forêt passe pour être une des plus belles de l'Italie ; la montagne n'a peut-être pas sa pareille au monde.

C'est une montagne isolée sur laquelle s'en dresse une autre, de structure, de forme véritablement singulières. Figurez-vous un immense bloc de basalte dont les arêtes saillantes tombent à pic de trois

côtés sur les ondulations inférieures.
Comme tous les monts solitaires, la Verna
change de physionomie selon le point d'où
on l'observe. Des environs de Bibbiena, je
lui trouve je ne sais quelle ressemblance
avec une des montagnes les plus romantiques de la baie de Rio de Janeiro, avec
le *Corcovado*, tel qu'il apparaît de l'anse de
Botafogo. Quand on a escaladé ses flancs,
qu'on a suivi ses crêtes, une autre image
se présente, celle d'un château fort bâti
par des cyclopes et abandonné depuis des
siècles. Les murailles extérieures de la
forteresse seraient seules restées à peu
près intactes sur trois côtés; le reste se
serait effondré et sur les décombres intérieures une végétation luxuriante aurait
librement poussé comme dans les ruines
de l'ancienne Cour des comptes à Paris.
Ce qui est non moins extraordinaire, c'est

que la montagne est composée de blocs séparés les uns des autres et formant des grottes et des cavernes souterraines sans nombre. Néanmoins, ces rocs juxtaposés se prêtent un appui à ce point nécessaire que, si on parvenait à en déplacer un, il semble que des quartiers entiers de la montagne s'abîmeraient comme des châteaux de cartes.

La Verna est couverte d'une épaisse forêt où dominent les sapins et les hêtres. C'est une végétation qui frappe d'autant plus qu'au pied de la montagne, à l'est, se déroule sans transition une région désolée, rocheuse, profondément ravinée, où l'herbe même ne trouve pas où prendre racine. La *Penna,* le sommet le plus élevé, montre seule sa tête chenue au-dessus des arbres, surplombant l'abîme de trois cents mètres. Les sapins de la Verna sont célèbres en Italie. L'un d'eux, l'*abete grosso*, surgit sur un monticule comme un roi entouré de sa cour; son tronc est droit et uni ainsi qu'une colonne; la vue se perd au milieu de ses branches. Le moindre souffle qui, dans la tranquille atmosphère des après-midi d'été, agite la cime du géant produit un murmure doux et musical comme le bourdonnement d'une ruche d'abeilles. « Quelle est la hauteur de cet arbre? » demandai-je au gamin qui m'accompagnait lors de ma première visite au couvent. « Un kilomètre, monsieur, » me répondit-il sans se déconcerter. Comme je laissais percer quelque surprise, mon guide ajouta : « Je l'ai entendu dire pas plus tard qu'hier, mais il se peut qu'on se soit trompé. »

François d'Assise envoya d'abord deux de ses frères à la Verna. Le comte Orlando

les fit accompagner par une troupe armée;
il craignait pour eux les bêtes sauvages et
plus encore les voleurs. Les Mineurs y construisirent des cabanes. Quand François y
vint à son tour, le site l'enchanta. Du haut
de la Penna, ses regards embrassaient un
vaste coin du monde qu'il brûlait de prosterner au pied de la Croix. Il pouvait, dans la
forêt odorante, converser avec les oiseaux
et les insectes, ces créatures qu'il aimait
à parer du nom de sœurs. Les escarpements de la montagne lui ménageaient de
mystérieuses retraites où son âme enthousiaste, emportée par l'ardeur des méditations solitaires, s'abîmait dans les mystiques extases de la communion spirituelle.

Dans ce lieu d'élection, où le saint ne
passa que peu de mois, les épisodes poétiques s'épanouissent sous ses pas comme

des violettes au souffle du printemps. Les *Fioretti* nous disent qu'un jour ce sont les oiseaux du ciel qui saluent son arrivée en accourant se poser sur ses épaules et sur ses mains. Puis, c'est saint Bonaventure qui nous conte l'anecdote de ce brigand surnommé *Lupo*, en raison de sa férocité, qui, touché par la douceur pénétrante des reproches de saint François, endosse le froc fransciscain et n'est bientôt plus connu que sous le nom d'*Agnello*. Une autre fois, le démon veut précipiter le saint du haut d'un rocher à pic; celui-ci se cramponne au rocher, qui s'amollit soudain et se creuse pour lui offrir un refuge. François se plaisait dans ce lieu sauvage. Un jour, descendant de roches en roches, il découvrit une grotte bizarre; une pierre énorme, retenue d'un seul côté à la montagne, surplombait un réduit sombre et semblait comme suspendue en l'air. Le *poverello* prit l'habitude de se retirer dans ce lieu solitaire. Tandis qu'il y reposait, un songe lui apprit que toutes les pierres de la montagne s'étaient disjointes à l'instant de la mort de Jésus, quand la terre avait frissonné dans ses fondements. Les moines montrent encore la grotte et le rocher, qu'on nomme le *Sasso Spicco*.

Dans la dernière visite qu'il fit à la Verna, envahi par l'idée de sa mort prochaine, il voulut s'y préparer dans la prière. La veille du jour où l'Eglise célèbre l'exaltation de la Croix, il s'absorba dans la méditation et resta prosterné toute la nuit. Vers l'aurore, un séraphin lui apparut, empourpré d'une lumière surnaturelle. A cette vue, l'amour divin le pénétra tout entier : il tomba en extase et défaillit, tandis que de vives douleurs se mêlaient aux transports d'un bonheur surhumain : sur son corps se trouvaient empreints les stigmates de la Passion.

> Nel crudo sasso, intra Tevere ed Arno,
> Da Cristo prese l'ultimo sigillo,
> Che le sue membra due anni portarno (1).

(Dans l'âpre rocher entre le Tibre et l'Arno, il prit du Christ les derniers stigmates, que ses membres conservèrent deux ans.)

En effet, François quitta la Verna pour n'y plus revenir. Il mourait deux ans plus tard, le 3 octobre 1226, laissant dans la mémoire des hommes le souvenir de la plus parfaite image du Christ qu'il leur ait encore été donné de contempler.

Voici comment Dante parle de la mort du saint et de ses dernières paroles en honneur de la pauvreté :

> Quando a Colui ch'a tanto ben sortillo,
> Piacque di trarlo suso alla mercede,
> Ch'egli acquistò nel suo farsi pusillo;

---

(1) DANTE, *Paradis,* chant XI.

> Ai frati suoi, sì com' a giuste erede,
> Raccomandò la sua donna più cara,
> E comandò che l'amassero a fede (1).

(Quand il plut à celui qui l'avait choisi pour un si grand bien de l'appeler à la récompense dont il s'était rendu digne par son humilité, il recommanda à ses frères comme à ses héritiers légitimes la femme qu'il avait tant chérie et il leur ordonna de l'aimer fidèlement.)

La mort de François n'entrava pas le développement de l'œuvre :

> Poi che la gente poverella crebbe
> Dietro a costui, la cui mirabil vita
> Meglio in gloria del ciel si canterebbe (2).

(La pauvre famille s'accrut après celui dont la vie admirable devrait être chantée au milieu de la gloire du ciel.)

Mais la règle de pauvreté, dont la rigueur avait effrayé la clairvoyance du pape Innocent III, devait subir de prime abord bien des altérations. Pour nous en tenir à la Verna, les pauvres cabanes

---

(1) DANTE, *Paradis*, chant XI.
(2) DANTE, *Paradis*, chant XI.

firent place au couvent qui subsiste encore. On y voit, au milieu de vastes bâtiments, les cellules des moines, la *foresteria*, deux églises et les chapelles qui marquent les gestes du fondateur.

L'art n'a pas été exclu du sanctuaire, et c'est justice. On y rencontre des ouvrages qui doivent, je pense, être attribués à un maître insigne, Andrea della Robbia. Propre neveu de Luca, mais de trente-cinq ans plus jeune, Andrea naquit en 1435 et mourut en 1525. Il est naturel que pendant ce long espace de vie le style de l'artiste ait subi des modifications. On marque trois époques dans son œuvre. Les retables en terre cuite émaillée de Verna datent de la meilleure. Ils sont admirablement conservés. Pourtant on ne les connaît guère, car, de nos jours, qui fait encore le pèlerinage de la Verna?

La grande église renferme des trésors d'art, à commencer par deux figures de demi-relief placées à droite et à gauche du chœur, un saint François et un saint Jérôme. Plus près de l'entrée, au-dessus d'un autel, on voit une Vierge tenant dans ses bras l'Enfant Jésus et ayant à ses côtés saint François, saint Antoine, saint Onufre et sainte Madeleine. Le personnage de la madone respire une grâce charmante, mais dans son ensemble la composition ne laisse encore percer aucune note originale.

Il en est autrement de la *Transfiguration* du transept. En haut, dans le ciel, le Christ ressuscité apparaît au milieu d'un cortège d'anges, tandis que sur la terre, à ses pieds, la Vierge est restée vieillie entourée de onze apôtres. Deux riches bordures encadrent ce tableau, la première ayant pour motifs de décoration des têtes de chérubins, la seconde, agrémentée de fleurs et de fruits. En dépit de quelques défauts dus à l'inexpérience de l'artiste, on ne peut s'empêcher de constater les symptômes non équivoques d'un talent qui va s'affirmer.

Infiniment plus réussie à tous égards est la *Nativité* qui décore l'autel d'une petite chapelle que surmonte un baldaquin. Andrea a osé le premier présenter dans un relief la Vierge adorant son fils nouveau-né. Autour de la mère inclinée tout est extase. L'artiste aurait sans doute exécuté un chef-d'œuvre s'il avait réussi à éviter l'encombrement qui nuit à la clarté de la composition.

Le pendant de ce retable est l'*Annonciation*. Marie est assise; d'une main, elle retient un livre qu'elle a cessé de lire; l'autre main est ramenée sur la poitrine.

Visiblement elle vient de recevoir le céleste message. En face d'elle, l'ange, à genoux, attend respectueusement sa réponse. Entre les deux personnages, un vase d'où s'élance un lis. Dans le ciel bleu, ouaté de nuages minuscules, apparaît le Saint-Esprit sous la forme d'une colombe. Au sommet, le Père bénit, entouré de chérubins. Telle est la composition fort simple de ce tableau. Mais comment rendre sensible au lecteur le charme intime de la scène, si ce n'est peut-être en disant que le maître s'est par un effort de génie élevé à la hauteur du sujet? L'ange est d'une beauté accomplie : on ne saurait rêver un visage plus radieux. La Vierge laisse voir un religieux recueillement. Troublée, confuse, les yeux baissés, son attente décèle la soumission complète, absolue. On dirait presque que, dans son humilité, loin d'éprouver la joie de l'élection divine, elle est envahie par une mélancolie sans borne et qu'elle se résigne, en servante docile, au mystérieux décret qui vient de lui être signifié. Les figures, d'un admirable relief, sont modelées en perfection. La faïence, si brillante que soit l'émail, n'offusque les yeux par aucune dureté. L'azur profond du ciel brille d'un éclat contenu. L'harmonie la plus parfaite règne entre la composition et l'exécution, et, pour qu'aucune fausse note ne vienne troubler l'harmonie de l'ensemble, la décoration du cadre manifeste le style sobre et pur de la Renaissance.

Dans une autre église moins grande mais plus ancienne, trône sur le maître autel la *Madonna della Cintola*, tableau blanc et bleu, avec prédelle et tympan. Ce qui frappe dans cet ouvrage, c'est la conception mâle et originale des principaux personnages : de saint Thomas, qui reçoit la ceinture des mains de la Vierge; de saint François et des deux évêques, qui se tiennent à côté de l'apôtre. Andrea s'affirme ici créateur fécond de types individuels.

Dans la *Crucifixion* qui orne la chapelle des Stigmates, il devient pathétique. Au milieu du tableau, la croix sur fond bleu; le Christ mort y est attaché, la tête inclinée, les cheveux tombants. En bas, Marie ridée par la souffrance encore plus que par les ans, ses pauvres mains croisées sur la poitrine, n'a plus la force de relever la tête. Près d'elle, saint François d'Assise montre les stigmates; en face, saint Jean et saint Jérôme attachent sur leur Maître des regards désolés. Les anges, dans le ciel, prennent leur part du deuil universel. En haut, le soleil et la lune semblent appelés à être les témoins inviolables du crime des hommes. L'artiste a choisi le moment psychologique par excellence. La loi de mort vient d'achever son œuvre; le sacrifice est consommé. Il n'y a de place que pour la douleur, comme il n'y aura place que pour l'allégresse après la radieuse résurrection. On se demande seulement pourquoi Andrea a donné au corps du crucifié cette teinte verdâtre, pourquoi une couleur brune aussi accentuée à ses cheveux et à sa barbe. Si c'est une note réaliste, pour quel motif est-elle restée isolée dans le concert?

L'examen de ces terres cuites laisse dans la mémoire une impression durable. N'eût-il travaillé que pour le couvent de la Verna, Andrea n'en demeurerait pas moins un des plus grands parmi les artistes que la foi chrétienne a inspirés. Impossible d'être plus profondément ému que dans l'*Annonciation*, impossible d'être plus passionnément troublé que dans la *Crucifixion*. Andrea mérite à tous égards d'être placé à côté de son oncle Luca parmi les artistes qui se sont laissé pénétrer au plus haut degré par l'influence franciscaine.

Quelle figure, d'ailleurs, plus que celle de saint François pouvait inspirer les artistes et les poètes? Sa vie fourmille de traits merveilleux : c'est une source à laquelle Giotto a largement puisé lorsqu'il a décoré les parois du sanctuaire ombrien de ses fresques immortelles, à commencer par cette *Gloire* où le séraphique apparaît transfiguré. Mais c'est d'une façon tout ensemble plus indirecte et plus durable que saint François a exercé son action bienfaisante sur les générations qui ont suivi la sienne. Il avait répandu autour de lui d'inoubliables leçons. Par lui le ciel s'était rapproché de la terre, la religion des âmes avait refleuri. Il avait ressuscité parmi les hommes le sens et l'amour de la nature. Lui-même avait écrit l'*Hymne au Soleil*. *La Divine Comédie* est, même dans les pages les plus tragiques de *l'Enfer*, imprégnée de l'esprit franciscain. Si, pour avoir trahi la confiance fraternelle, encore plus que la foi conjugale, Paolo Malatesta et Francesca da Rimini roulent dans l'inexorable tourbillon, ils y roulent ensemble, unis après la mort; ne dirait-on pas que, jusque dans la damnation, le Très-Haut se montre, en raison de leur grand amour, accessible à la pitié? Il est vraisemblable, en tout cas, que *le Paradis*, ce poème inégalable, n'aurait pas été écrit, que Beato Angelico n'aurait pas peint ses lumineux tableaux, si François n'avait auparavant glorifié la religion de l'éternel amour.

Telles sont les pensées qui se présentent à l'esprit de ceux qui font quelque séjour à la Verna et profitent de la simple hospitalité des moines. Si les cellules des Mineurs sont encore peuplées, si la forêt n'a pas été entamée par la hache, on le doit au fait que le pape Eugène IV confia autrefois la garde du monastère et de ses dépendances à la République florentine. A son tour, celle-ci remit le dépôt aux consuls de l'art de la laine, lesquels firent place, avec le temps, à la chambre de commerce, puis à la municipalité de Florence. Aussi lorsque, en 1866, les agents de l'administration royale se présentèrent à la Verna, en vertu de la loi de sécularisation, la commune florentine fit-elle valoir ses droits de haut domaine. Les titres qu'elle présenta furent reconnus légitimes. C'est de la sorte que les fils de saint François veillent encore aujourd'hui sur les richesses artistiques et naturelles qui contribuent à faire de cette montagne un lieu d'élection.

LE « PALIO » DE SIENNE

LE « PALIO » DE SIENNE (1)

Jeudi 10 août. — Comme une créole paresseuse, Sienne est endormie. Tandis que le soleil d'août enveloppe la rouge cité de ses effluves caressants, aucun murmure ne s'échappe des palais crénelés. Par les rues étroites aux courbes capricieuses, sur les places blanches de lumière, à peine de loin en loin un passant furtif, surpris de cheminer à l'heure de la sieste. Sienne est endormie. Aussi bien, son sommeil dure-t-il depuis plus de trois siècles, depuis le jour

---

(1) *Palio*, du latin *Pallium*, signifie la bannière qu'on donnait comme prix d'une course. Par extension, il signifie la course elle-même.

néfaste où la ville dut ouvrir ses portes aux soldats de Charles-Quint. Comme la Belle au bois dormant, elle attend l'heure fatale pour sortir de sa léthargie. « On eût dit un ange, tant elle était belle, car son évanouissement n'avait point ôté les couleurs vives de son teint; ses joues étaient incarnates, et ses lèvres comme du corail; elle avait seulement les yeux fermés, mais on l'entendait respirer sourdement, ce qui faisait voir qu'elle n'était pas morte. » A la contempler ainsi, on devine que des songes dorés passent parfois sous ses paupières closes. Ce ne sont, hélas! que des rêves. La cité siennoise porte au cœur une blessure inguérissable, le deuil de ses gloires évanouies. Ceux qui l'aiment ne la revoient jamais sans un sentiment d'attendrissante mélancolie.

Samedi 12 août. — La ville engourdie se

réveillerait-elle? dans la place du *Campo* que Dante a connue, des charrettes se rassemblent. On en retire des barrières de bois. Une escouade d'ouvriers les emportent et les fixent solidement aux bornes de granit qui divisent la place en deux zones concentriques. Puis, ce sont des tombereaux qui arrivent pleins d'une terre rougeâtre qu'on étend dans la zone excentrique, bientôt transformée en piste d'hippodrome. Voici maintenant les boutiquiers du Campo qui entrent en scène. A l'aide de forts madriers et de planches, ils dressent des gradins contre les palais gothiques. Ces travaux divers s'accomplissent rapidement, avec méthode, sans bruit du côté des ouvriers, sans exciter de surprise du côté des assistants. Si vous voulez savoir quel spectacle on prépare, jetez les yeux sur les affiches d'allure décorative collées sur les murs ; vous verrez que le 16 août, un peu avant le crépuscule, aura lieu sur la place publique la course *alla tonda* (1), le traditionnel *Palio* de Sienne. Sur cette place qui affecte la forme d'un éventail ouvert, ou plutôt la figure et le relief d'une coquille de Saint-Jacques, — car elle s'évase au centre et se relève sur les bords, — dix chevaux exécuteront trois tours de piste, de toute la vitesse de leurs jambes, sans souci des tournants à angle droit, des montées et des descentes qui agrémentent ce parcours original. On ne se représente pas *Gladiateur* ou *Ormonde* accomplissant une de leurs *performances* sur cet hippodrome improvisé.

Dimanche 13 août. — Dès neuf heures du matin, le Campo présente une animation

---

(1) En rond.

inaccoutumée. Le soleil, qui s'est levé derrière le *palazzo pubblico*, déjà haut sur l'horizon, envahit la place, à l'exception de la partie voisine du palais, appelée la *pianata*, et de la colonne d'ombre que projette au loin la tour démesurée du *Mangia*. Les curieux s'entassent dans ces refuges naturels. Tout à coup un cheval apparaît, tenu en main par son propriétaire ; une vingtaine d'autres le suivent de près. La foule s'écarte pour voir passer de maigres haridelles, étiques pour la plupart et les flancs caverneux, qui, disparaissant sous une des voûtes du vieux palais, vont se ranger dans la cour ogivale du Podestà. C'est là que les propriétaires présentent leurs quadrupèdes aux *deputati del Palio* (1), qui leur assignent séance tenante un numéro d'ordre.

(1) Les commissaires de la course.

L'opération terminée, les chevaux sortent, montés sans selles par des jockeys d'occasion auxquels la municipalité octroie pour leur peine la somme de deux lires. Les concurrents vont se ranger à la *Costarella* (1), où une tribune aérienne a été dressée pour les juges. Le départ est donné là; là aussi a lieu l'arrivée. Les chevaux se présentent dans l'ordre que le sort a déterminé et qui est tenu secret. On enferme le lot entre deux cordes tendues à hauteur du poitrail; puis, sur un signal du *mossiere* (2), une des cordes tombe. Les chevaux s'élancent brusquement, en ordre dispersé. Sur leur dos, les cavaliers se démènent comme des diables aspergés d'eau bénite. Les pauvres bêtes répondent tant bien que mal à cet appel

(1) Un des tournants.
(2) Le starter.

désespéré; mais l'un disparaît au tournant de San Martino, se dérobant dans une rue voisine; un autre roule avec son cavalier dans la poussière. La course prend fin au milieu d'exclamations diverses, des éclats de rire, des quolibets, des bravos ironiques, des sifflets de la foule en gaieté. Parmi les spectateurs, il y en a, toutefois, de graves, je pourrais dire d'anxieux. Ce sont les vrais amateurs — les *aficionados*, comme on dirait à Madrid, — et les intéressés. Dans les figurants de la première heure, ils s'efforcent de découvrir les élus appelés à disputer le Palio et, parmi ceux-là, les champions véritables. Aussi leurs yeux sont-ils largement ouverts : aucun incident, aucun accident ne leur échappe. L'épreuve se répète jusqu'à ce que tous les candidats se soient mesurés par groupes de trois ou quatre, dans des séries successives. Il ne s'agit, en effet, que d'une sorte de concours éliminatoire. Parmi les concurrents, le juge en désigne dix qui sont séance tenante tirés au sort et attribués aux dix *contrade* (1) courantes. On conçoit toute l'importance de cette opération : elle serait pour ainsi dire décisive, sans l'intervention ultérieure et subreptice de facteurs d'un autre ordre dont je m'occuperai plus loin. Désormais le cheval adjugé ainsi devient, trois jours durant, la chose de la *contrada*. A elle de le nourrir, de le soigner, de le mettre à l'abri des embûches. Un homme de confiance, le *barbaresco* (2), emmène la bête; il en prend l'entière responsabilité.

Les Siennois ne quittent la place du Campo que pour s'y donner rendez-vous

(1) Les quartiers de Sienne.
(2) Le gardien du cheval barbe, du *barbero*.

le soir, un peu avant l'*Ave Maria*. La première épreuve, ayant pour effet de mettre en lumière la valeur relative des champions du Palio, attire toujours un nombre respectable de spectateurs. A l'heure marquée pour la course, tous les yeux sont fixés sur le *mossiere*, car de la *mossa* (1) dépend souvent l'issue de la lutte; aussi tout acte de partialité de ce fonctionnaire pourrait lui attirer une volée de coups de bâton de la part des *contradaioli* (2) qui l'entourent. Un coup de canon, la corde tombe, le lot se précipite dans l'arène; *Valmontone* et *Lupa* (3) abordent presque de front le tournant fatal de San Martino, le franchissent sans accident et dévalent en ouragan dans la descente, pendant que,

(1) **Le départ.**
(2) **Les habitants des contrade.**
(3) **Deux des contrade de Sienne.**

derrière eux, les autres chevaux s'égrènent. Un des cavaliers, emporté par sa monture, va donner contre les matelas disposés par précaution le long du mur, en face du tournant; un autre culbute avec sa bête et demeure étendu sur le sol. On l'emporte évanoui. Mais, je ne sais par quelle grâce d'état, les chutes au Campo n'ont jamais d'issue fatale. Cependant *Lupa* serre de près *Valmontone*, mais celui-ci résiste jusqu'à la fin et l'emporte au milieu des vivats. De l'avis des spécialistes, les deux premiers ne sont pas loin l'un de l'autre et on peut s'attendre à un duel palpitant, le jour de la course. Cependant ici, plus encore que sur le turf, il faut compter avec les surprises du hasard.

Lundi 14 août. — Il y a fort peu de monde, aujourd'hui, pour voir courir la seconde et la troisième épreuve. Chacun sait, de source certaine, que les champions en vue, ayant pris la mesure de leurs adversaires, demeureront sur la réserve. L'entr'acte permet de lier plus ample connaissance avec les vrais acteurs : j'ai nommé les *contrade*.

Quoique fort ancienne, l'origine des contrade ne remonte pas à l'âge d'or de la République. On les voit poindre, encore indécises, au déclin du quinzième siècle. Elles n'ont aucun lien de famille avec les corporations militaires qui concouraient à la protection de la cité, ainsi qu'on le croyait naguère. Le chevalier Lisini, au moyen des parchemins dont il a la garde, a fait justice de cette légende. Les contrade sont nées de l'amour que les Siennois ont de tout temps professé pour les réjouissances publiques, en vue d'aider la commune à leur assurer un éclat spécial. L'ardeur que la population apportait à la défense de la ville, ayant perdu l'occasion de paraître sur les champs de bataille, se donna carrière dans les courses de taureaux, de buffles, d'ânes, de chevaux. Les combats de taureaux ne ressemblaient que de loin aux *corridas* modernes de Séville et de Madrid; ils offraient à la jeunesse siennoise l'occasion de faire assaut de sangfroid, de courage et d'adresse : c'était encore l'image de la guerre corps à corps, telle qu'elle était en usage au moyen âge. Le concile de Trente ayant censuré ces jeux sanguinaires, les combats furent abolis en 1590. Les *buffalate*, où la bête courait montée, parurent également trop dangereuses : un édit les abolit en 1650. Les mœurs allaient s'adoucissant. Bientôt, les *asinate*, qui donnaient naissance à des scènes d'une indescriptible confusion, tombèrent également en désuétude. Seules, les courses de chevaux survécurent : elles devinrent le spectacle populaire par excellence.

Pendant ce temps, les contrade avaient pris leur caractère définitif. Leur nombre est déjà fixé à dix-sept en 1675. Quatre d'entre elles ont reçu, pour services éclatants, des titres de noblesse. La fonction principale des contrade, pour ne pas dire la seule, consiste à organiser les jeux dont le palio est le prix convoité. Dans le principe, elles ne patronnaient que la course du 2 juillet, en l'honneur de Notre-Dame de Provenzano; l'Assomption devint, un peu plus tard, l'occasion d'une seconde journée, le 16 août. Enfin la piazza del Campo est définitivement adoptée pour la dispute des palii. Jusqu'en 1720, chacune des contrade pouvait prendre part à la course. Cette année-là, un terrible accident ayant ensanglanté l'arène, l'autorité décida que dix chevaux seraient seuls admis à courir. C'est une ordonnance qui est encore en vigueur.

Mais c'est par des côtés différents que le Palio se distingue des autres courses de chevaux. Nul ne croirait que l'ardente émulation qui anime les concurrents repose sur un mobile désintéressé. Loin de constituer pour le gagnant une source de lucre, la victoire lui coûte souvent plus cher que la défaite au vaincu. Le seul trophée que se disputent, avec quel acharnement! les contrade rivales, c'est une simple bannière où paraît une madone brodée, entourée d'emblèmes et d'inscriptions d'un laconisme lapidaire. La commune n'offre rien de plus au vainqueur. Sur le champ de course, ni bookmakers ni pari mutuel. L'argent ne constitue, à aucun degré, le stimulant de l'épreuve. Bien plus, ce sont les contrade qui supportent tous les frais de la représentation ou peu s'en faut. Mais remporter le Palio, c'est beaucoup ; empêcher qu'une contrada rivale le conquière, c'est plus encore. Ces rencontres répétées deux fois l'an ont développé, ou du moins réchauffé, au sein des contrade, l'antagonisme propre au moyen âge. Chacune d'entre elles forme un corps distinct, isolé, ayant ses chefs, ses couleurs, son drapeau, ses armes, son église, ses traditions. A ses membres, elle inspire un amour exclusif, aveugle, quasi religieux. Ce patriotisme de clocher engendre à son tour des sentiments de jalousie et d'aversion réciproques qui percent de mille manières. Mais, de ce que toutes les contrade sont rivales, il ne s'ensuit pas qu'elles soient toutes ennemies les unes des autres. Avec le temps, des rapprochements bizarres se sont produits. Sympathies et antipathies ont souvent leurs racines dans un passé lointain. On chercherait peut-être en vain l'origine authentique de l'hostilité qui règne entre l'*Oca* et la *Torre*, entre la *Selva* et la *Pantera*, par exemple. Au temps jadis, ces rivalités et ces haines donnaient naissance à de violentes querelles, à des embûches, des guets-apens, des rixes sanglantes, sources de féroces représailles. Peu à peu les mœurs se sont adoucies, sans éteindre les passions. L'état de guerre subsiste, seules les armes ont cessé d'être homicides. Encore aujourd'hui, entre gens de contrade ennemies, il est presque impossible qu'il y ait réunion amicale, à plus forte raison mariage. Le jour de la course, le *fantino* (1) paraît sur la place armé d'un fort nerf de bœuf, — le *nerbo*, — la tête protégée par un casque de fer. Il a le droit de frapper le cheval de ses adversaires et ses adversaires eux-mêmes. C'est dans ces compétitions ardentes que réside l'intérêt singulier du Palio. Réconciliées, partant indifférentes, les contrade ne constitueraient plus que des corps inanimés. La lutte à mort se convertirait en un spectacle purement décoratif. Le Palio de Sienne aurait vécu.

Mardi 15 août. — Je me réveille au son des cloches. Les cloches de toutes les églises tintent éperdument dans une violente émulation d'allégresse. Au dehors, l'air est pur et doux sous les rayons du soleil matinal. Les créneaux des palais

---

(1) Le jockey.

gothiques se parent de teintes éclatantes, pendant que les rues profondes demeurent encore dans la pénombre. Déjà les *contadine* apparaissent par groupes, accourues, pour les fêtes, des petites villes et des campagnes voisines, égayant la cité de leurs chapeaux de paille fleuris aux ailes flexibles et mouvantes, dangereuses rivales pour les Siennoises. Au Campo à peu près désert, on fait cercle autour d'un saltimbanque, à l'ombre de la grande tour. Sous les arcades élancées de la *Loggia de'nobili*, on lit la *Gazetta* et les journaux venus de Rome. Contre les bornes de la *Costarella*, des oisifs sont appuyés, regardant passer les jolies filles. Et le vent agite mollement les drapeaux des contrade flottant au balcon des prieurs et des capitaines, ou bien marquant les limites de chaque quartier. A ces frontières historiques, les étendards rivaux sont plantés fièrement avec des airs de défi. Leurs ondoiements dévoilent et cachent alternativement les écussons héraldiques, les armes parlantes : la Louve, la Chouette, l'Escargot, la Tour, la Forêt, l'Onde, le Hérisson, la Coquille, le Mouton (Valmontone), la Licorne, la Chenille, la Girafe, l'Oie, la Tortue, la Panthère, l'Aigle, le Dragon. Des drapeaux partout, jusque dans les ruelles en précipice, jusque dans les carrefours biscornus, drapeaux multicolores, aux nuances vives et tranchées comme un habit d'arlequin, comme l'aile des oiseaux des tropiques. Et sur la ville qui s'éveille, les cloches de toutes les églises répandent de joyeux carillons.

A n'en pouvoir douter, la Belle au bois dormant est enfin sortie de son long évanouissement.

Ce matin, l'intérêt n'est pas au Campo, il est dans les rues, dans les églises, au Dôme. Le Dôme un jour d'Assomption ! Au moment où je débouchai sur la place, la blanche cathédrale étincelait au soleil comme un bloc géant de carrare veiné de noir. Par les trois portes ouvertes, la lumière s'engouffrait. Dès les premiers pas, j'éprouvai un éblouissement, comme si la nef m'apparaissait sous la première. C'est qu'elle avait revêtu ses atours de gala, la vieille mais toujours jeune église. Accrochés aux piliers, les drapeaux des contrade éclataient d'abord dans une explosion de fanfares, au contact du jour extérieur, atténuant peu à peu la sonorité de leurs couleurs à mesure que l'ombre s'amassait sous le berceau renversé. Mes pieds foulaient respectueusement cette trouvaille d'art et de décoration qu'on appelle les *graffiti*, cachés d'ordinaire aux regards du commun des touristes, empruntant à ce mystère je ne sais quel attrait plus subtil et plus pénétrant. Dans le chœur, l'autel d'argent resplendit discrètement. Inconscients de leur irrévérence, des paysans sont assis entre les colonnettes qui supportent la chaire de Nicolo Pisano, pareille à un bibelot de vieil ivoire. La chapelle Chigi, derrière sa grille entr'ouverte, brille comme le trésor d'Aladin, aux yeux hypnotisés des humbles. En face, le couronnement du pape Pie II montre les chaudes couleurs et la patine des miniatures du moyen âge. — Cependant l'archevêque officie en grande pompe, entouré de son chapitre, devant les paysans prosternés et éblouis, tandis qu'une musique brillante, faite pour retentir dans un temple décoré par l'Algarde ou le Borromini, enchante a partie aristocratique de l'assistance. Après un morceau à effet, un murmure flatteur a parcouru les rangs : peu s'en est fallu qu'on applaudît. Ce n'est pas que la piété ait déserté la Cité de la Vierge; mais le peuple de Sienne n'est pas là : il a ses églises à lui, et, à la veille d'un Palio, il reste dans sa contrada, auprès de l'autel familier. Et parmi les élégantes venues aujourd'hui pour entendre la maîtrise du Dôme, plus d'une ira demain matin, au lever du jour, s'agenouiller dans quelque chapelle solitaire où la prière n'a pour accompagnement que les paroles rituelles de l'officiant.

Dans l'après-midi, c'est encore le Campo qui est le centre d'attraction des Siennois, d'abord pour le tirage de la tombola. Il y a plaisir à suivre les gens du peuple ou de la campagne dont la place est remplie, piquant avec des épingles ceux des numéros sortants qui figurent sur leurs cartons. A mesure que les cartons se remplissent, l'intérêt augmente. On rit, mais sous la gaieté on devine une anxiété sourde, un grain de fièvre. Tout à coup, près de moi, ce sont des exclamations joyeuses; une enfant de quinze ans vient de gagner le quine. Elle est là interdite, au milieu de parents et d'amis qui examinent le carton; ses joues sont toutes roses de surprise et de joie; puis subitement, comme mue par un ressort caché, elle s'élance, en agitant son billet, vers la tribune officielle. Toute la nature prime-sautière du petit peuple en Italie se retrouve dans cette simple scène : les gestes correspondent aux émotions, les émotions sont vives, et aucune fausse honte n'en réprime l'explosion.

Un coup de canon retentit. Il est six heures, on va courir la *prova generale*, pour laquelle le municipe offre un prix, ce qui assure une arrivée disputée. Pour voir la course, je demeure dans la place. J'aime ce poste d'observation. On ne perd aucun des principaux incidents de la lutte, et on reste en communion avec le vrai public, celui qui se passionne et prend parti. J'ai toujours admiré l'ordre avec lequel on évacue la piste. Il semble que les agents ne se montrent que pour la forme. Le peuple fait sa propre police : n'est-ce pas lui qui donne le spectacle, et le spectacle n'a-t-il pas lieu pour lui? Le Siennois aime les étrangers; il les accueille avec un touchant empressement, mais il ne lèverait pas un doigt pour les attirer dans une idée de lucre. Le Palio en est la preuve : il se court deux fois par an, à une époque où la Toscane est vierge de tout étranger. Le Siennois est éminemment sédentaire : il n'émigre pas et cherche encore moins à provoquer l'immigration. La vieille aristocratie, encore debout, habite toujours ses palais sévères : Florence ne la séduit pas, Rome pas davantage. Le Siennois adore sa ville natale, à quelque classe qu'il appartienne : il l'aime telle que le moyen âge la lui a léguée, avec ses maisons crénelées aux murs de brique rougeâtre piqués d'anneaux et de torchères de fer forgé, avec ses ruelles étroites et tortueuses, ses places irrégulières, son pittoresque si heureusement inconfortable. C'est le temps, le tremblement de terre de 1798, et non l'initiative des habitants, qui a inscrit tant de fenêtres carrées dans l'arc ogival : il fallait bien consolider les bâtisses qui menaçaient

ruine. Chacun dans sa sphère s'efforce de
conserver ce qui subsiste, de restaurer ce
qui s'en va, dans le goût original. Attaché
à ses vieilles coutumes, le peuple offre des
traits saillants, parfois contradictoires, qui
ne s'expliquent que par l'action d'un ata-
visme persistant. On le retrouve au Campo
sous ses aspects héréditaires, aimable et
turbulent, paisible mais excitable à l'excès.
D'abord chacun choisit sans hâte la place
qui lui convient : on cause et on plaisante
avec ses voisins, on rit, on s'amuse des
moindres incidents. Puis inopinément cette
surface tranquille se bouleverse, comme
un lac suisse sous un coup de tempête.
En un clin d'œil, la physionomie de la
foule s'est métamorphosée. Les visages
s'altèrent et se convulsent. On invoque la
madone, saint Antoine; on encourage et
on injurie les *fantini*. Les imprécations

se croisent et, au grand scandale des *contadini*, de jeunes femmes profèrent d'horribles blasphèmes. Au moment où la *Lupa* prend définitivement le meilleur sur le *Montone*, je vois des faces blèmir, des poings qui se lèvent; la victoire de la Louve, une minute après, est accueillie par un tonnerre d'acclamations triomphales; la piste est soudainement envahie; autour du vainqueur, ce sont les expressions de la joie la plus délirante, tandis que le vaincu s'éclipse au milieu des huées. Et ce n'était qu'une épreuve!... Dans ces débordements de passion, ne démêle-t-on pas l'image frappante des luttes qui agitaient les rues de la ville au moyen âge et parfois les ensanglantaient, comme dans cette journée de 1314 où, les Salimbeni et les Tolomei en étant venus aux mains, le gouvernement des Neuf ne trouva d'autre moyen de séparer ces familles ennemies que de faire courir le bruit de l'irruption des gens d'Arezzo dans le territoire de la République.

Mercredi 16 août. — En projetant de monter ce matin à la tour du Mangia, j'étais loin d'imaginer que je m'y rencontrerais avec un flot de *contadini* accourus des quatre coins de l'horizon, qui en chemin de fer, qui en voiture, à cheval, voire même à pied. Les trois cent soixante marches ne sont pas pour les effrayer. Le clocher aérien, seul point de la ville qu'ils découvrent au loin dans les fraîches couleurs du matin ou la pourpre des couchers de soleil, les fascine invinciblement. Si les marches sont hautes et inégales, ces jarrets montagnards les escaladent sans peine. A certains tournants, l'escalier est si bas, si étroit, si obscur, qu'il faut marcher courbé en deux, les mains étendues, pour éviter les heurts, se blottir dans les coins afin de laisser passer les jolies filles de Toscane, qui rient à gorge déployée, dans l'ombre, des contacts involontaires. Puis tout grandit, l'espace et le jour. Les éblouissements se succèdent à intervalles plus rapprochés, au gré des ouvertures en meurtrières. Enfin, à force de grimper, on atteint une plate-forme supérieure, en plein ciel. Celui qui prétend se rendre compte du relief original et impérieux de Sienne doit accomplir l'ascension de la tour. De cette aiguille, le regard embrasse un pays tout entier, rouge brique et vert sombre, rendu plus austère encore par l'apparition intermittente des cyprès, alternativement fertile et sauvage, semé de monticules et de dépressions, propres aux marches nocturnes, aux embuscades, aux combats corps à corps. Contre les surprises du-dehors, le Mangia dressa longtemps sa flèche aiguë. En ce temps-là, loin d'être isolé, toute une forêt de tours élancées lui faisaient cortège; Sienne en était hérissée, comme aujourd'hui San Gimignano, mais avec la profusion qui convenait à sa puissance. Une tablette de Biccherna, peinte dans l'année funeste du sac de Rome, atteste que ces tours privées, orgueil des palais patriciens, n'avaient pas encore entièrement disparu en 1527. Aujourd'hui le Mangia est resté maître de l'espace, avec un seul satellite, le campanile de la cathédrale.

Vue de ce belvédère, Sienne se présente sous la figure d'une gigantesque étoile de mer dont le corps et les branches, rongés, racornis, boursouflés, auraient séjourné longtemps sur une plage torride. Les arêtes saillantes, coupées d'échancrures, plongent dans des précipices. Sur certains reliefs elliptiques, les maisons se sont agglomérées en amas noueux; les rues qui les sillonnent circonscrivent des proéminences en coques de navires. Les toits grisâtres, jaunâtres, sans éclat, absorbent la lumière. Seule la cathédrale, couverte de zinc, jette une note joyeuse dans le tableau. Unie à l'hôpital de Santa Maria della Scala, elle évoque l'idée d'une mosquée dont le campanile serait le minaret. Les extrémités des branches sont terminées par des éperons surmontés d'églises : le Carmine, Sant'Agostino, les Servi di Maria, Santa Chiara, Santo Spirito, San Francesco, Fontegiusta, San Domenico. Aux yeux du voyageur, Sienne offre d'abord ses sanctuaires.

Du campo encore désert, les notes nasillardes d'une mélopée à moitié orientale montent jusqu'à nous, dans la paisible atmosphère. Je dis nous, car le gardien des cloches est venu s'accouder, comme je le suis, à la balustrade, non pour signaler à ses compatriotes l'approche de quelque chevauchée suspecte, hélas! mais tout simplement parce que l'heure de la *prova* approche. *Una provaccia, signor*, me dit-il avec un dédain comique. Et nous engageons la conversation sur les événements du jour. Il en sait long sur la course qui, deux fois l'an, se dispute à ses pieds.

« Ce n'est pas ici qu'on gagne le Palio, mais là-bas, » et, me désignant du doigt Sant'Agostino, ses yeux sollicitent une question d'une façon si expressive que je feins l'étonnement pour lui permettre de continuer. Alors d'une voie basse, pleine de sous-entendus, avec des clignements d'yeux imperceptibles, il me conduit, comme par la main, dans les mines et contre-mines au moyen desquelles les intéressés s'efforcent d'annuler au détriment de leurs adversaires ou de maintenir à leur profit les chances qui dérivent de la valeur respective des champions. Travail acharné et subtil, dans lequel le *Montone* et la *Lupa* jouent, cette année, les premiers rôles. Autour de ces protagonistes, les autres contrade évoluent et se groupent au gré d'anciennes préférences ou selon l'inclination du moment. Et mon interlocuteur finit ainsi : « Voyez-vous, monsieur, pour gagner, il faut un bon cheval, *ma sopra tutto ci vogliono quattrini, furberia e patriotismo,* » c'est-à-dire : ce qu'il faut avant tout, c'est de l'argent, de l'adresse et du patriotisme !

C'est un régal d'entendre ce vieillard parler ainsi, avec les jolies aspirations de la Toscane, des dessous mystérieux du Palio, tandis que les principaux acteurs exécutent à nos pieds un simulacre de course, au milieu des éclats de rire et des sifflets du public. Dans la place, blanche de soleil, des insectes font le tour de la piste, pareils à ces petits chevaux de plomb qu'un ressort caché fait mouvoir, dans les casinos de Vichy ou de Trouville. — Oui, pour vaincre, tous les moyens sont valables. C'est le poète qui l'a dit : *Il vincer fu sempre laudabil cosa.* Il en est du Palio comme d'une forteresse. Avant de tenter l'assaut, le condottière épuisait toutes les ressources : ruse, séduction, corruption. — Sitôt que les chevaux sont adjugés, les pronostics vont leur train. L'obscurité se dissipe avec la première épreuve. Entre chevaux médiocres, la sélection s'opère aisément; il est rare que plus de deux ou trois chevaux conservent, après cet essai public, des chances réelles de victoire. Heureuses les contrade à qui les vrais champions sont échus. Dans leur sein les passions s'allument brusquement : l'espérance, le désir de vaincre, la crainte de voir un rival détesté l'emporter. Tout d'abord le choix du *fantino* s'impose; on souhaiterait qu'il fût habile, courageux, expérimenté, doué de sang-froid et, si ce n'est pas trop exiger, incorruptible. A défaut d'une loyauté reconnue, on se contente des qualités qui font le bon cavalier. Pour s'assurer de sa fidélité, on lui promet monts et merveilles; on le soumet, sous prétexte de petits soins, à une rigoureuse surveillance. On essaie de prévenir ou de repousser les entreprises perfides de l'ennemi; en retour, on ne néglige rien pour paralyser d'avance les moyens d'action de l'adversaire. A ce jeu, on dépense de grosses sommes, car le concours des intermédiaires est aussi indispensable que dispendieux. Les brigues, en effet, se dissimulent avec soin, bien que licites ou, du moins, justifiées par une longue pratique et la tolérance universelle. Supposons maintenant que deux contrade restent seules en présence. Deux hypothèses s'offrent à l'esprit : un des *fantini* se laisse-t-il séduire, la course se réduira à une simple exhibition; si, au contraire, la corruption a échoué, attendez-vous à une lutte palpitante dans laquelle le nerf de bœuf jouera un rôle prépondérant. Le délire de l'assistance peut atteindre alors ses limites extrêmes. Il est arrivé parfois que l'intervention de la police a pu seule empècher le sang de couler sur la place.

La tour du Mangia communique avec le premier étage du palais public, ouvert à tous venants en ce jour de liesse. Quand j'y pénètre, les salles gothiques sont pleines d'une foule animée que ne profane la présence d'aucun *Bædeker*. Assis sur un banc de bois, en face de la fresque où l'Arétin Spinello a représenté l'empereur Frédéric Barberousse tenant en bride le cheval du pape Alexandre III, je suis des yeux l'interminable procession des Siennoises et des *contadine* aux chapeaux de paille. Rares sont celles qui s'arrêtent pour contempler la scène qui a tant ému leurs aïeux. Villageoises et paysannes se promènent sans hâte, en communion secrète avec les trésors d'art qui les entourent, à cent lieues de l'ahurissement qu'éprouvent nos ruraux en semblable occurrence. Dans leur démarche souple, dans toute leur personne, je ne sais quelle grâce a remplacé la lourdeur qu'infligent, dans les pays du Nord, le labeur journalier et l'épreuve des intempéries du ciel. En éclairant les imaginations, le soleil semble avoir affiné les corps. « Cela tient aussi, me dit un Siennois, à ce que, chez nous, les femmes ne prennent presque jamais part aux travaux des champs. » — Parmi elles, il y en a de délicieuses et je ne puis me défendre d'un curieux rapprochement entre ces figures vivantes et les créations des vieux maîtres locaux.

Tout imprégnée de mysticisme religieux, l'école de Sienne s'est confinée, pour ainsi dire, dans la représentation de la madone. Ce n'est pas là un événement fortuit. A la veille de livrer aux Florentins, très supérieurs en nombre, la bataille de

Montaperto, les magistrats de Sienne, cherchant une protection surnaturelle dans le pressant péril, avaient placé la ville et son territoire, corps et biens, sous la juridiction de la Vierge Marie. Le lendemain, 2 septembre 1260, le lis rouge éprouvait la plus sanglante défaite dont les annales du temps aient gardé le souvenir. Dès lors, Sienne devint officiellement la *Civitas Virginis*, la vassale de Notre-Dame. Les autels de la madone se confondirent avec ceux de la patrie. Il fut défendu aux courtisanes de porter le saint nom de Marie. C'est dans cette vénération attendrie que naquirent et furent nourries plusieurs générations d'artistes. De là ce nombre infini de tableaux consacrés à la Vierge : de là aussi la sensation indéfinissable qu'ils engendrent. Ce sont par-dessus tout des œuvres d'amour. La madone apparaît sur les fonds d'or, dans les cadres d'or, sous l'auréole d'or, parée de toutes les grâces, d'une humilité angélique, avec, sur la bouche, un ineffable sourire et dans les yeux des pensées extraterrestres.

On sent que tous ces artistes ont respiré la même atmosphère ; on dirait qu'ils avaient devant les yeux le même idéal de beauté féminine : un corps frêle et élancé, l'ovale allongé du visage, le nez long et flexible, des yeux en amande sous l'arcade mince et pure des sourcils, une carnation pâle et des doigts effilés. A Dieu ne plaise que je me hasarde à discuter la question de savoir si le type de la madone siennoise se rattache, et par quels liens il se rattache, au canon que les byzantins ont légué à l'Italie, ni si quelque filiation légitime unit les Vierges de Duccio di Buoninsegna et de Sano di Pietro à celles de

Cimabué. Je ne livre ici que des impressions, celle de l'étrange ressemblance que le hasard des rencontres m'a conduit à constater entre ces panneaux du moyen âge et les modèles vivants d'aujourd'hui. Hier, à la tombée du jour, je me suis trouvé, près de la *Lizza*, en face d'une toute jeune fille qui m'a rappelé, avec une étonnante précision, la Vierge des Neiges, cette création vraiment divine de Matteo di Giovanni, cachée aux regards profanes dans une petite église dont un perruquier garde la clef. Les simples vêtements de la jeune fille ne pouvaient cacher sa noblesse native. La souplesse du corps se révélait par la légèreté de la démarche. L'ovale du visage défiait la critique, comme l'arc châtain des sourcils et la ligne du nez. Se sentant regardée, elle baissait les yeux à demi ; mais, sous la paupière mi-close, le regard filtrait avec une douceur singulière. Les mains pendaient longues, effilées, d'une blancheur toute virginale. Le chapeau de paille, aux bords tombants, encadrait le visage comme un voile de madone, ne laissant voir que le bas du front poli et quelques mèches de cheveux d'une nuance plus claire que les sourcils. Qu'il me soit permis de croire que dans la *contadina* de la *Lizza* revivent les attraits captivants de la Siennoise qui a autrefois servi de modèle à Matteo!

Dans la *Civitas Virginis*, ce n'est pas seulement le cadre du moyen âge qui subsiste, audacieux défi au siècle de la vapeur; les traditions d'antan y conservent une partie de leur vertu, comme certains parfums délicats au fond de boîtes hors d'usage. C'est ainsi que s'est perpétuée la coutume de faire bénir le cheval dans l'église de la contrada, avant de l'envoyer au Campo, pratique puérile à certains égards, mais attestant la croyance naïve du peuple dans l'intervention surnaturelle de ses saints patrons, acte de foi simple et touchant, analogue à celui qui sollicite, en certains lieux privilégiés, la guérison des maladies incurables. Pour assister à cette curieuse cérémonie, nous avons choisi, quelques amis et moi, la contrada de *Valmontone*, par la raison qu'elle possède le meilleur cheval du lot des courants.

L'église du *Montone* est placée sous l'invocation de *San Leonardo*. Elle s'élève presque à l'extrémité d'une des branches de l'étoile marine, non loin de la porte romaine, sur une petite place déserte dominée d'un côté par des jardins suspendus, au-dessous du sanctuaire des *Servi di Maria*, auquel on accède par un chemin tournant et escarpé. Comme j'interrogeais des enfants pour savoir si c'était bien là que le cheval serait béni, un homme de forte corpulence, moitié homme du peuple, moitié bourgeois, s'approcha de nous et nous demanda si nous étions venus pour la *funzione*. Sur notre réponse affirmative : « Le moment n'est pas encore venu, dit-il, mais faites-moi le plaisir d'entrer par ici. » Et fort courtoisement il nous introduisit dans la maison contiguë à l'église encore fermée; la première pièce dans laquelle nous entrâmes servait d'antichambre à la sacristie, très pauvrement meublées l'une et l'autre, mais d'une grande propreté. Un inconnu battait impitoyablement du tambour dans une chambre voisine; notre homme nous expliqua que c'était pour habituer le cheval, très nerveux, au bruit de la place. Puis, il nous montra des pancartes accrochées au mur, témoignages des victoires remportées au Campo depuis deux cent cinquante ans; pas bien nombreuses, ces victoires, et de plus en plus espacées à mesure qu'on approche du temps présent. La dernière remonte à 1879. Un vieux palio aux couleurs effacées porte la date de 1781 et le nom du lauréat : *Begnamino*.

« Giacinta, fait notre hôte, au moment où une femme de trente-cinq à quarante ans, à la physionomie ouverte, paraissait sur le seuil, voilà des messieurs qui désirent voir l'église. » Et aussitôt Giacinta de nous faire accueil et de nous introduire, par la sacristie, dans une pauvre petite église encore déserte, une véritable église de campagne, n'était, sous la corniche, une suite d'écussons flamboyants, aux armes des protecteurs de la contrada. Le patronat se solde par une contribution annuelle de dix lires. Peu ruineuse pour ceux qui l'accordent, je ne vois pas qu'elle enrichisse ceux qui en profitent.

Cependant une rumeur retentit au dehors. Un cercle s'était formé autour des jeunes hommes en costume du quinzième siècle portant la livrée de la contrada : orange, rouge et jaune; pourpoint ajusté, manches à crevés, culottes collantes, toque surmontée d'une plume, bourse et poignard suspendus à la ceinture. Les cheveux bouclés tombaient sur les épaules. C'étaient les pages, au nombre de quatre, tous exactement de la même taille. La gravité de leur visage, l'aisance de leurs mouvements, ne permettaient pas de les assimiler, fût-ce un instant, à des figurants de théâtre.

Tandis que nous les examinions, on

avait ouvert la porte de l'église. La Giacinta me fit signe de la suivre et j'allai m'asseoir à ses côtés sur un banc près de l'autel. Derrière nous, une bande joyeuse et tapageuse s'était précipitée. « Taisez-vous! cria ma voisine à la marmaille, et toi, *piccina*, viens ici! » La *piccina* se détacha du groupe devenu silencieux comme par enchantement. Sa silhouette gracieuse se dessinait en vigueur sur la baie ouverte, pendant que le visage demeurait dans l'ombre. Était-ce une enfant? Était-ce une jeune fille? Elle s'approcha du banc et s'arrêta non loin de sa mère. Celle-ci mit naturellement l'entretien sur le Palio, un beau spectacle, mais bien decevant pour les intéressés! Cette fois la contrada a reçu en partage un bon cheval qui a gagné les principaux essais. Le *fantino*, lui, a fait ses preuves : c'est le même qui a mené le cheval de la *Selva* à la victoire au mois de juillet dernier, le jour de la madone de Provenzano. Mais Dieu seul peut savoir ce qui adviendra. Depuis vingt ans on a éprouvé tant de mécomptes! On a eu plusieurs fois en main les « cartes d'or (1) », puis, au dernier moment... et elle secoua la tête avec mélancolie.

« Voyez-vous, poursuit-elle, nos ennemis nous ont joué plus d'un mauvais tour. Il y a plusieurs années, nous avons été trahis par un *fantino de Valle d'Arbia*. On a voulu l'assommer, et chaque fois que, pour entrer en ville, il franchissait la porte Romaine, il courait risque de sentir le bâton. Il fut encore rossé de main de maître au mois de juin. Aussi, pour rentrer en grâce, nous a-t-il demandé de monter aujourd'hui notre

---

(1) Les atouts au jeu de la Scopa.

cheval. C'est un bon cavalier, nous avons refusé; qui sait! nous avons peut-être eu tort. Nos ennemis sont si acharnés! » Et, comme je l'interrogeais des yeux, elle poursuivit : « La *Torre* surtout et aussi le *Nicchio*. Heureusement, ils ne courent pas aujourd'hui. Tenez, avec le *Nicchio*, on est voisin; on devrait s'aimer, et on se déteste, mais ce n'est pas à nous la faute... »

L'arrivée d'un personnage habillé comme les *pagetti*, à cette différence près qu'il portait une cuirasse luisante comme un miroir et tenait à la main un casque empanaché, coupa le fil du discours de ma voisine, qui, s'adressant à sa fille : « Pia, fais voir le casque au signor. » Pia n'eut pas le temps d'exécuter cet ordre; un gamin qui nous écoutait s'était précipité. Il rapporta le casque comme un trophée et, me le tendant à deux mains : « Sentez-vous comme il est lourd, » s'écria-t-il. Je le soupesai, mais je dus constater mentalement que, pour un casque qui avait coiffé un chevalier du moyen âge, son poids ne présentait rien d'anormal.

La petite Pia s'était rapprochée. Maintenant je discernais nettement ses traits, un visage sans grande régularité, mais illuminé par deux yeux rayonnants de douceur et de persuasive expression : à la lettre, des yeux qui parlent.

« Signorina, lui demandai-je, cela vous fera plaisir de voir courir le Palio? »

Le nom de « signorina », qu'on lui appliquait peut-être pour la première fois, la surprit sans doute, car elle rougit très légèrement; mais elle me répondit après un moment d'hésitation, en me regardant bien en face : « Non, signor, je n'irai pas à la place aujourd'hui! »

Comme je lui exprimais mon étonnement : « Oh ! non, répéta-t-elle en secouant la tête, j'éprouverais une trop grande émotion ! Hier, vous savez, j'assistais à la course, mais quand j'ai vu au dernier moment la *Lupa* dépasser notre cheval, j'ai éprouvé tant de peine !... »

Les yeux de la *piccina* étaient maintenant humides de larmes. Elle détourna la tête, un peu confuse d'avoir ainsi épanché son cœur. De sa vivacité native, tempérée par un grain de timidité enfantine, se dégageait une grâce si touchante que je pris dès cet instant délibérément parti pour le *Montone*, et j'exprimai ma foi dans la victoire avec tant d'assurance que le gamin du casque, élevant un bras en l'air, cria : « Si nous gagnons, je saute haut comme ça ! »

Peu à peu la nef s'était remplie des gens

du quartier. On avait un moment hésité à faire entrer le cheval dans l'église, en raison de sa nervosité, mais ma voisine avait insisté vivement, déclarant que coûte que coûte il fallait que la bénédiction fût donnée. Le champion de la contrada fut donc introduit tout frémissant et conduit devant la grille de l'autel. Un prêtre parut presque aussitôt de l'autre côté, revêtu du surplis et de l'étole; séance tenante, il se mit à lire les prières d'usage devant l'assistance, debout et attentive. Tout à coup, un grand cri s'élève : *Che fortuna! che fortuna!* Le prêtre s'arrête interdit. C'est le cheval qui, au mépris des bienséances, a souillé le sol de l'église. L'officiant comprend, sourit; puis, le silence une fois rétabli, il reprend sa lecture et asperge le cheval d'eau bénite. Tout le monde sort. Je dis adieu à mes voisines en leur souhaitant bonne chance. *Speriamo*, me répondent-elles en me serrant la main.

Pendant ce temps, la *comparsa*, c'est-à-dire la représentation du quartier en costume de gala, s'est formée avec ses éléments pittoresques. Nous la voyons qui s'ébranle. En tête, un tambour battant sa caisse, deux *alfieri* agitant des drapeaux, le capitaine casqué et cuirassé, entouré de pages, un porte-bannière tenant en main l'étendard de la contrada, enfin le *fantino* sur un cheval d'emprunt, car le champion, qui devrait fermer la marche sous la garde du *barbaresco*, a été directement dirigé sur le palais public. Si les costumes sont simples, l'ensemble a belle apparence. Mais quelle figure de bandit, le *fantino!* Sa mine maussade, renfrognée, louche, ne me dit rien qui vaille. Ou je me trompe fort, ou ce garçon-là médite un mauvais coup.

La *comparsa* défile par les rues : chaque fois qu'elle rencontre la maison d'un des patrons de la contrada, elle s'arrête. Les *alfieri* font alors exécuter à leurs drapeaux la *sbandierata* la plus fantaisiste, les plus difficiles évolutions, avec une dextérité sans égale. Les roulant prestement, il les lancent à une grande hauteur, le manche en haut. Arrivé au point extrême, le drapeau pivote de lui-même, se retourne et redescend comme une flèche. L'*alfiere* le saisit au vol et la *comparsa* repart. Ce jeu des drapeaux, qui exige un apprentissage assez long, constitue le clou du spectacle.

Après avoir suivi un moment le *Montone*, nous le dépassons et nous rendons à la place du Dôme, où les contrade viennent une à une rendre hommage à l'archevêque et au préfet, dont les demeures se regardent. La place reluit au soleil dans une blancheur immaculée. La variété des costumes qui s'y rencontrent ou s'y croisent engendre comme un éblouissement.

De toutes les *comparse,* celle de la *Lupa* obtient la palme sans contredit. Son capitaine semble porter des armes d'or, tant elles brillent au soleil. Serrés dans leurs costumes aux larges bandes alternativement blanches et noires, — les couleurs de Sienne et aussi celles de la cathédrale, — les *Lupaioli* marchent fièrement comme s'ils allaient à la victoire. L'*Onda* défile la dernière : blanche et bleue, très claire, elle offre bien l'emblème de l'eau reflétant un ciel sans nuage. Elle défile et s'éloigne dans la direction de Sant' Agostino, lieu traditionnel de la formation du cortège. Nous suivons l'*Onda.* Nous passons, dans son sillage, sous les fenêtres fleuries du palais des Buonsignori. L'église restaurée de Sant' Agostino heurte comme un paradoxe, blesse le goût comme un anachronisme. Sur la place, dans les rues voisines, les *comparse* sont noyées dans le flot montant du populaire. Une vague me sépare de mes compagnons. Là, devant mes yeux inexperts, se livre peut-être la bataille décisive, sous la forme de quelque pacte secret. Au milieu de la cohue, la chaleur devient insupportable.

Je me suis promis d'aborder cette fois le Campo par une des ruelles étroites qui dévalent dans la place à la façon des torrents dans un lac profondément encaissé. Le courant m'ayant ramené à la *via di Città*, c'est vers la *Macta Salaia* que je dirige mes pas. Une sourde rumeur de cataracte lointaine m'avertit que j'approche. Sous une voûte surbaissée, le curieux *vicolo* descend par une pente si rapide que, sans le concours des marches, il serait à peu près impraticable. Au bout du couloir sombre, une tranche du Campo apparaît soudain, violemment éclairée. Dans la lumière dorée, une poussière humaine semble danser comme ces atomes impalpables qui voltigent dans un rayon de soleil filtrant à travers la fente d'un volet clos. La vision est imprévue, inoubliable. Le regard jeté brusquement par un profane sur une salle d'opéra, le jour d'une première représentation, par le trou du rideau, n'en donnerait qu'une idée incomplète.

Cinq minutes plus tard, j'étais l'hôte du marquis Chigi Zondadari, dans son magnifique palais du *Chiasso Largo*. Au premier étage, du côté de la place, règne un large balcon dont le propriétaire se plaît à faire les honneurs aux étrangers avec une parfaite bonne grâce. De ce balcon, le spectacle est peut-être unique au monde.

Quel voyageur amoureux du passé n'a accompli, au moins une fois dans sa vie, le pèlerinage de Sienne? Et parmi ces élus, quel est celui qui ne s'est assis, au coucher du soleil, sur le rebord de marbre de la Fonte Gaia, en face d'un des édifices les plus romantiques qui soient en Italie? C'est l'endroit rêvé pour évoquer, au milieu du silence de la place, le fantôme des temps révolus. Eh bien! aujourd'hui, les fantômes ont repris corps; la vieille place s'est parée comme aux jours de sa splendeur. A l'instar du palais public, les maisons ont décoré leurs balcons et leurs fenêtres d'étoffes où le rouge et le jaune dominent. C'est plaisir de voir ces façades ridées par le temps, hérissées de têtes curieuses. Des spectateurs, il y en a partout, jusque sur les toits. Aux balcons des palais aristocratiques, les toilettes féminines jettent des notes joyeuses; en bas, sur les gradins qui entourent la place, sur la piste, au centre de la coquille, le fond des habits sombres est constellé de taches blanches; ici encore les *contadine* avec leurs gracieux chapeaux de paille contribuent à embellir le spectacle. Le Campo a cessé d'être la principale place d'une ville de province. On se croirait dans une grande et puissante métropole, car tout Sienne est là ou y sera dans un quart d'heure. Vomis par onze rues, ruelles ou passages voûtés, les flots humains continuent de se déverser dans la place. Une rumeur continue, grandissante, surgit de cette mer agitée. Le soleil, qui baisse à l'horizon, laisse déjà dans l'ombre le palais crénelé des Sansedoni, le casino des Uniti et la place tout entière. Seule la façade du palais public reste éclairée, avec la tour du Mangia perdue dans l'éther. Par-dessus les toits qui s'étagent pittoresquement en face de nous, la coupole et le campanile de la cathédrale émergent, rayonnants comme de blanches voiles au-dessus des vagues d'une mer immense et sombre.

Cirque, amphithéâtre, hippodrome, plaza de toros, le Campo évoque simultanément, à cette heure, ces images diverses; mais, plus invinciblement encore, il reporte la pensée loin en arrière, aux époques décoratives. C'est la vision émouvante d'une place publique au moyen âge, un jour de cérémonie religieuse ou de fête populaire, irrégulière, pittoresque, colorée, grouillante, bruyante; le récit des vieux chroniqueurs, quelques rares enluminures, certaines tapisseries brodées d'or et d'argent nous offrent de semblables tableaux. Sans doute le Campo n'est plus exclusivement entouré de palais crénelés et de maisons gothiques; plusieurs édifices qui menaçaient ruine ont été maladroitement reconstruits, des fenêtres à meneaux ont été remplacées par des croisées modernes, depuis qu'un artiste inconnu a peint en 1609 cette tablette de Biccherna qui montre une procession dans ce cadre merveilleux. Les accoutrements bourgeois de cette fin de siècle ne peuvent pas davantage avoir la prétention de figurer une foule bigarrée du *quattrocento*. Mais si quelques instruments mal accordés jettent de fausses notes, elles se perdent au milieu du concert puissant émané des masses orchestrales.

Il est six heures; le soleil a disparu. Un coup de canon retentit. Au même instant, un corps de gendarmes à cheval sort du palais public et se déploie sur la *pianata*. Leur rôle consiste à faire évacuer les pistes. Cette consigne, ils l'exécutent posément, sans effort, car la foule se dissipe d'elle-même à leur approche et s'infiltre prestement dans le fond de la coquille. Un quart d'heure suffit pour que l'arène soit entièrement dégagée. Entre les barrières humaines, elle ressemble à un immense ruban rougeâtre en forme de boucle.

Un nouveau coup de canon. La musique marine au pied de la Fonte Gaia se fait entendre à ce signal. Le cortège point en face de nous, débouchant de la via del Casato. Une immense acclamation, sortie de quarante mille gosiers, salue son entrée. De la cime du Mangia, le campanone laisse tomber lentement sa note solennelle.

En tête, sur un cheval qui caracole galamment, apparaît le porte-bannière de la commune, dans un costume historique, déployant le grand étendard de Sienne, la glorieuse *balzana*, mi-noire, mi-blanche. Puis viennent les vingt musiciens du palais, en livrée verte, le panonceau de la cité suspendu au tube de leurs longues trompettes. Derrière eux, le capitaine de justice, précédé d'un page, suivi de deux barigels et de quatre sbires, tous luxueusement habillés.

Les *comparse* des dix contrade qui vont se mesurer font alors leur apparition, accueillies par une acclamation grandissante. Elles se présentent dans l'ordre fixé par le sort. L'*Onda* ouvre le défilé. Le cortège, avec ses brillantes unités, se déploie lentement. Les trompettes entonnent la *marcia del Palio*, œuvre populaire d'un maître siennois. Mais ce qui communique la vie à cette antique procession, c'est sans contredit la manœuvre savante des *alfieri*, qui jouent avec leur drapeau comme les tambours-majors avec leur canne. Dans leurs mains, ces drapeaux, si heureusement bariolés, exécutent une sarabande gracieuse, se fermant et se développant tour à tour. Ils évoluent autour du corps, sous les jambes, sur la tête, par des mouvements onduleux et imprévus, comme ceux de Loïe Fuller ; ils passent légèrement d'une main dans l'autre, puis, fendant l'air avec la rapidité d'une flèche, ils retombent non moins brusquement. Cette manœuvre, qu'on appelle la *sbandierata in piazza*, ne s'exécute que sous les fenêtres des protecteurs des contrade.

Voici maintenant le char de Sienne qui débouche, construit peut-être sur le modèle du *caroccio* de Florence pris par les Siennois à la bataille de Montaperto. Il est drapé de velours rouge galonné d'or. Avec sa forme pyramidale, il ressemble vaguement à un bateau au mât unique, surmonté du lion et de la louve, emblèmes héraldiques de la cité. Sur la proue, le palio destiné au vainqueur attire tous les regards.

Les sept contrade qui ne prennent pas part à la course cette année suivent le *caroccio*. L'*Oca* et la *Torre*, antiques rivales, nobles toutes deux, chargées de lauriers, sont les plus admirées. La *Torre* est amarante ; l'*Oca* se trouve par hasard honorée des trois couleurs italiennes. Fiers de posséder la maison où est née sainte Catherine, les *Ocaioli* défilent avec une dignité particulière.

Fermant la marche, on voit la garde de la commune avec son capitaine à cheval, ses arquebusiers, ses arbalétriers, ses hallebardiers, enfin le *caroccio* des contrade supprimées, traîné par quatre chevaux drapés et écussonnés.

L'enthousiasme grandit à mesure que le serpent déroule ses anneaux bigarrés au milieu des haies humaines. La musique joue, les tambours battent, la foule bourdonne, le campanone gronde sourdement, la procession fait miroiter ses mille facettes, les drapeaux multiplient leurs ondoiements capricieux, les vieux palais retrouvent un air de jeunesse sous la lumière brisée, tendre, comme ambrée, de l'heure qui précède le crépuscule; la place du Campo revêt ses gloires passées, c'est l'apothéose!

Le cortège se disloque devant la chapelle de la place. Pendant que les *barbareschi* entraînent les champions dans la cour du Podestà et que les jockeys troquent leur riche costume contre des casaques plus commodes, les figurants s'installent sur une large estrade dressée au pied du palais public. Le groupe de ces deux cents personnages ressemble de loin à une corbeille gigantesque de fleurs tropicales.

La musique et les tambours se sont tus : au silence relatif de la foule, on sent que l'instant psychologique est proche. Quelque peu blasé sur les beautés du défilé, le public siennois se passionne, au contraire, à l'idée des péripéties de la course et des surprises que peut-être elle lui réserve.

De nouveau le canon tonne. Il est exactement sept heures moins le quart. Tout à coup surgissent les dix concurrents, montés sans selle par les *fantini*, armés du *nerbo* en guise de cravache, la tête protégée par un casque. La foule les salue par des cris divers : on les applaudit, on les encourage, on les hue, on les menace. Ils n'en ont cure et vont se ranger sans délai, dans l'ordre marqué par le sort, *al canapo* (1), sous la tribune des juges. Un à un, les chevaux pénètrent dans l'étroit espace compris entre les deux cordes, où leur ardeur indisciplinée causerait des incidents fâcheux si la voie ne leur était pas promptement ouverte. Mais le *mossiere*, en chapeau haut de forme, les surveille ; il fait un signe, un coup de canon retentit, la corde tombe brusquement, le lot se précipite en avant sous les cravaches. Au bout de cinquante mètres, trois chevaux restent aux prises, nettement détachés du peloton qui s'égrène.

(1) Littéralement, à la corde.

La *Lupa* est dans le groupe, mais le *Montone* n'y figure pas. Dès lors, les exclamations se succèdent et se croisent ainsi que des froissements de fleurets : vociférations frénétiques, exhortations, malédictions. Ceux-ci invoquent saint Antoine; ceux-là, plus nombreux, profèrent d'horribles blasphèmes. Trois franciscains, juchés sur l'autel de la chapelle extérieure, suivent la course anxieusement; aux fenêtres, les corps sont penchés : on est debout sur les estrades; la coquille tout entière frémit. Trois chevaux abordent presque de front le tournant de San Martino, un *Tattenham Corner* exagéré; l'un se dérobe, la *Lupa* en profite; très bien montée, elle serre de près la borne d'angle et prend la tête; elle ne la perdra plus. La casaque blanche et noire concentre sur elle tous les regards. Le *fantino* peut se rire des cabales et braver le *nerbo* désormais inoffensif dans la main de ses adversaires. Il se maintient en avant sans effort, passe le but au milieu du vacarme et va s'arrêter sous les fenêtres du palais Sansedoni. Là il est littéralement arraché de sa selle, fêté, caressé, embrassé, acclamé par les *Lupaioli,* qui, en un clin d'œil, ont franchi les barrières, envahi la piste. Une clameur s'élève des quatre coins de l'hippodrome : *Lupa, Lupa!* Pendant ce temps, le *fantino* du *Montone* n'échappait à un péril imminent que grâce à l'opportune intervention de la police. Ses *contradaioli,* indignés, allaient lui faire un mauvais parti. Le cheval, le meilleur du lot sans contredit, n'avait, à aucun moment, pris part à la lutte. Pauvre Mouton! Il y a beaux jours que les agneaux ont accoutumé d'être mangés par les loups!

Maintenant, la foule se disperse par tous

les *vomitoria* de l'amphithéâtre. Les uns regagnent tranquillement leur quartier, les élégants se jettent dans la via Ricasoli, se rendant, par la via Cavour, à la *Lizza*, pour s'y promener, au son de la musique militaire, jusqu'à nuit close. Cependant, un groupe en délire, entourant le cheval vainqueur, dévalait vers le quartier de la *Lupa* et déposait le palio dans l'église de San Rocco. Là un prêtre bénissait, séance tenante, le cheval encore fumant, puis, devant les *Lupaioli* à genoux, l'officiant chantait le *Te Deum*. A peine avait-il terminé l'hymne que retentissaient les premières mesures d'une valse.

Le soir du Palio, la contrada qui l'a remporté est en liesse. Dès la tombée de la nuit, la via Vallerozzi, qui, de la via Cavour, conduit par une pente rapide au centre du quartier de la *Lupa*, était éclairée par des cierges accrochés aux maisons.

A peine m'étais-je engagé dans cette ruelle qu'un rassemblement m'arrêta. C'était un enfant qu'on emportait dans une voiture. *L'hanno ammazzato,* — ils l'ont tué, — hurle une vieille à mes côtés, et une autre poursuit : *Sara Fontebranda,* c'est-à dire le coup vient de la contrada de l'*Oca.* En réalité, il ne s'agissait que d'un gamin légèrement blessé par accident.

Plus bas, une colonne surmontée de la louve romaine marquait le centre de la contrada victorieuse. Dans un léger enfoncement, précédée d'un perron à double rampe, se dressait l'église de San Rocco. Par la porte ouverte, c'est un va-et-vient d'hommes et de femmes curieux de voir le palio déposé à quelques pas de l'autel, ainsi qu'un trophée pris à l'ennemi. Sur un banc de la sacristie, dans l'ombre, de gros bonnets du quartier devisaient à voix basse sur l'événement du jour. Les pièces voisines fourmillaient de gens du peuple riant grassement. Sur les meubles, des *fiaschi* vides traînaient.

Au son du tambour, devant l'église, les *alfieri*, dépouillés de leur costume d'apparat, faisaient tournoyer leurs drapeaux au milieu d'une bande d'enfants. Un peu plus loin, une musique barbare s'était établie sur une petite place, jouant des polkas et des valses, pour le plus grand plaisir des garçons et des filles de la contrada.

« La jeunesse s'amuse, » dis-je à une femme plus ridée que vieille, qui regardait la danse avec une béatitude suprême.

— « Vous pouvez le dire, me répond-elle ; on a déjà vidé six tonneaux ce soir ; mon gamin a tant bu qu'il a fallu le coucher de force. » Puis, me montrant deux brunettes qui valsent ensemble, faute de cavaliers, et tournoient sur place comme des toupies : « Celles-ci vont danser toute la nuit. Que voulez-vous ? on ne gagne pas le Palio tous les jours. Et puis, nous avons payé assez cher pour être joyeux. Dix mille lires ! c'est quelque chose ! Mais si la contrada ne roule pas sur l'or, l'église est riche, il y a des protecteurs généreux, et chacun y est allé de sa petite contribution. Voyez-vous, signor, dans notre quartier, on est pauvre, mais on travaille : moi, j'ai deux garçons et cinq filles, et ça marche. Tout le monde est sur pied dès le matin ; les filles sont honnêtes ; ce n'est pas comme dans la *Torre!* »

— « Mais, fis-je, votre cheval n'a eu aucune peine à gagner. »

La Siennoise me regarda en riant de bon cœur de ma naïveté. Avec des mines comiques et en baissant la voix, elle m'avoue qu'on a compté sept cents lires au *fantino* du *Montone* pour qu'il arrête sa monture. Un moment on a craint que celui de la contrada ait également été acheté. La partie adverse lui avait offert la forte somme, mais il n'a pas voulu brûler la *Lupa*, me dit la commère. Et elle me parle du repas qui aura lieu d'ici à un mois pour célébrer la victoire d'aujourd'hui. C'est dans cette rue en pente où nous sommes que sera dressée la table de plus de cent couverts. Le cheval figurera parmi les invités et, si je désire assister au banquet, on sera enchanté de m'accueillir.

J'en sais assez sur les dessous de la

course. Profitant du retour des danseuses, je m'esquive mélancoliquement. Pauvre *Montone!*

Jeudi 17 août. — J'aurais désiré revoir mes amis de *Valmontone*, leur exprimer ma sympathie dans leur déconvenue, dire adieu à la *piccina* et à sa mère. Hélas! ce matin, autour de la petite église, tout était solitude et silence, les portes fermées, les fenêtres closes. On eût dit qu'un deuil récent avait frappé ce coin de Sienne. Dans une boutique ouverte, à quelque distance, j'avisai un savetier qui enfonçait des clous dans un morceau de cuir. A mes questions discrètes, il répondit sans interrompre son labeur : « Nous avions un bon cheval, nous n'avons pas ménagé l'argent, et pourtant nous avons été battus. Il faut prendre patience. »

Ce qu'il ne me confiait pas, c'est qu'un

menuisier de la contrada avait été assiégé la veille dans sa maison par ses propres *contradaioli*, qu'il avait été frappé et qu'en se défendant il avait fendu le crâne d'un de ses agresseurs. Il paraît avéré que c'est lui qui a vendu la contrada à beaux deniers comptants, et assuré ainsi la victoire de la *Lupa*.

En arrivant à la *Loggia del casino de' Nobili*, je croisai la *comparsa* de la *Lupa* qui se rendait au Dôme pour y déposer solennellement le palio conquis la veille; les figurants étaient tous présents, mais en habits de ville. Les *alfieri* n'en faisaient pas moins voltiger leurs drapeaux, quoique avec quelque nonchalance. Les pages distribuaient un sonnet en l'honneur de « l'héroïque et valeureux » *fantino* Angiolo Volpi, dit le Bellino, des vers héroïques où la « géniale bannière » rimait avec la « louve austère ». Le cheval suivait, les sabots dorés.

Vendredi 18 août. — Le palais de la Belle au bois dormant est retombé en léthargie. Il n'en sortira qu'au mois de juillet prochain. Sienne dort. « On eût dit un ange, tant elle était belle, car... »

VITERBE

VITERBE

Presque tous ceux qui ont visité Viterbe se posent la question suivante : « D'où vient l'oubli profond dans lequel est tombée une ville si digne d'attirer et de retenir l'attention? » En réalité, Viterbe n'a jamais, à aucune époque, excité la curiosité des voyageurs, et cela pour plusieurs raisons. Il fut un temps, il est vrai, où la via Cassia était la principale route qui, du nord de la Péninsule, conduisait à Rome : diligences et chaises de poste s'arrêtaient donc à Viterbe au moins pour y changer de chevaux. Mais, alors, personne ne se souciait des choses du moyen âge : on passait, on ne s'arrêtait pas. Plus tard, un revirement se produisit dans le goût public; on s'éprit d'une belle passion pour les monuments antérieurs à la Renaissance; mais ce revirement se produisit au moment où, par suite de la construction du chemin de fer, la via Cassia fut abandonnée. Or, la voie ferrée passe par Orte et non par Viterbe. La vieille cité se trouva par suite vouée à un abandon irrémédiable. Ni ses murs huit fois séculaires, ni la forêt de tours qui surgit de son sol comme une végétation féodale, ni l'étrange quartier de San Pellegrino, ni les vieilles chroniques fourmillant de récits merveilleux n'eurent la vertu d'attirer la foule indifférente. Vainement on a relié depuis peu Viterbe à Rome par un chemin de fer direct. Ce qui lui manque, c'est un de ces « clous » qui s'imposent à l'attention par une sorte de violence, comme la cathédrale d'Orvieto, le *Cambio* de Pérouse ou la Santa Casa de Lorette. Pour son malheur, Viterbe ne possède aucun « clou » de ce genre.

Et puis, pour tout confesser, Bædeker ne s'occupe pas de Viterbe, ou si peu! Ah! si sainte Rose était fêtée au printemps! On verrait, cela n'est pas douteux, les murs de Rome se couvrir d'affiches multicolores, proclamant que la fameuse *macchina*, haute de vingt mètres, doit se promener dans la ville, à dos d'hommes, éclairée *a giorno*, après le coucher du soleil; et la maison Cook organiserait des trains de plaisir avec wagons-restaurants pour y transporter la foule hypnotisée et docile. Mais la Sainte-Rose a le mauvais goût de tomber au commencement de septembre, alors que l'Italie centrale est veuve de *forestieri*. Tant pis pour elle et tant pis pour Viterbe! Ce ne sont pas les rares curieux venus de Rome pour voir la *macchina* qui se plaindront, car c'est un plaisir exquis que de flâner dans une ville italienne sans avoir les oreilles écorchées par des voix gutturales et les yeux blessés par les couvertures écarlates des impitoyables in-12, ces bréviaires des pèlerins modernes.

Accourant des bourgs et des villages voisins, les *contadini* envahissent, dès le 2 septembre, le *corso*, la principale artère de Viterbe. Dans cette région, on adore les fêtes; chaque ville, chaque bourg célèbre la sienne aussi brillamment qu'il peut, dans la belle saison. A ses hôtes de passage, la municipalité viterboise offre des courses de chevaux, une tombola, un feu d'artifice, maigre régal auquel fort heureusement vient s'ajouter le transport de la *macchina* triomphale. C'est la pièce de résistance qui a servi de motif ou, pour mieux dire, de prétexte à l'exode du petit groupe de Romains et de diplomates dans lequel je me trouve, car le désir de voir ou de revoir Viterbe est loin d'être étranger à notre déplacement. On pourrait penser, il est vrai, que l'époque d'une fête populaire est mal choisie pour visiter une petite ville en toute indépendance. Il n'en est rien. Ici, tout au moins, la foule ne se montre pas gênante. Le matin, elle envahit le *corso* et les abords de l'église de Santa Rosa; elle se « repose » dans l'après-midi, selon l'habitude locale de la sieste; vers cinq heures, elle se porte docilement sur le point que le programme des fêtes indique comme centre d'attraction. Le reste de la ville demeure morne, silencieux, quasi désert comme à son ordinaire. Les « curiosités » de Viterbe n'exercent visiblement aucun attrait sur le commun de ses hôtes.

Comme Viterbe est par excellence la ville des tours, mon premier soin est de monter à celle dite de l'*Orologio*, la plus haute de toutes : elle a quarante-deux mètres. Aussi bien, pour prendre une première idée d'une ville de moyenne grandeur, est-il plus utile d'en inspecter soi-même le relief que de s'en rapporter aux plans figurés, mais artificiels, que contiennent les guides. Elle apparaît ainsi dans son ensemble, avec sa couleur naturelle, unie à la campagne qui l'environne et dont elle vit. Néanmoins, je ne conseillerais pas l'ascension de ce campanile municipal aux personnes que le vertige incommode : c'est une expérience faite pour tenter les membres du Club Alpin et les gens qui, fatigués de la vie, hésitent à prendre la responsabilité du suicide. L'escalier de bois qui circule le long des parois intérieures ressemble à une échelle, ou plutôt à une suite d'échelles fortement inclinées, imparfaitement reliées les unes aux autres, munies d'une rampe trop frêle pour masquer le vide central, qui devient plus effrayant à chaque enjambée. Monter ces paliers interminables, passe encore, mais les descendre! La plate-forme supérieure supporte un assemblage élégant de fer forgé au milieu duquel sont suspendues deux cloches qui annoncent depuis des siècles au peuple de Viterbe les heures uniformes et les événements importants de la vie publique. De ce belvédère haut perché, la ville apparait, sous le soleil révélateur, irrégulière et bizarre, comme il convient à une ville de son âge. Au sud-ouest, les monts Ciminiens barrent l'horizon d'une ligne large, massive, puissante. Ces montagnes que les Romains, retenus par je ne sais quelle crainte superstitieuse, hésitèrent si longtemps à franchir étaient couvertes, au cinquième siècle avant notre ère, d'une forêt que Tite Live qualifie de « plus impénétrable et plus effrayante » que les bois de la Germanie. Ces lieux ont perdu, il faut l'avouer, une grande partie de leur horreur, surtout depuis la mort récente du fameux brigand Tiburzi, dont les exploits sont encore dans toutes les mémoires. La chaîne des monts Ciminiens s'abaisse graduellement du côté de la mer. Par une pente longue, douce, presque insensible, les huit cents mètres s'aplanissent au niveau du rivage tyrrhénien. Viterbe est bâtie au milieu de cette déclivité sur un sol inégal ; ses alentours sont verdoyants : c'est comme une ceinture de claire émeraude enserrant la ville aux sombres couleurs. Vers la mer, le panorama se prolonge à perte de vue et se mire dans des vapeurs composées de bleu pâle et de rose tendre. Au levant, Montefiascone brille au soleil sur l'éminence qui dérobe à notre vue la nappe unie du lac de Bolsena.

La ville se déroule en de frappants contrastes de couleur. Même sous les baisers du soleil, elle conserverait un aspect tant soit peu rébarbatif, en raison de ses constructions noircies par le temps, n'étaient ses toits aux tuiles teintées de rouille et les innombrables jardinets qui verdoient aux quatre points cardinaux. Du côté de la montagne, les maisons se pressent les unes contre les autres jusqu'au pied des murailles crénelées. Du côté de la plaine, au contraire, de vastes espaces occupés par des vergers sont compris dans l'enceinte fortifiée du moyen âge, au-dessous des escarpements qui dessinent sur ce point une première ligne de défense. Ces espaces vides attestent la décadence de Viterbe, qui comptait soixante mille âmes à l'époque de sa grandeur et n'en renferme plus aujourd'hui qu'une vingtaine de mille. Il n'y a pas une moindre éloquence dans les cent soixante tours féodales qui ont survécu. A la vérité, elles ne menacent pas le ciel comme celles de San Giminiano. Les statuts communaux punissaient la rébellion des nobles par la démolition de leurs tours; on se contentait d'abaisser ces tours quand il s'agissait de moindres délits. Or, comme on le constatera bientôt, nulle aristocratie ne se montra plus indocile et plus turbulente que l'aristocratie de Viterbe. C'est dire que grand fut le nombre des tours seigneuriales qui disparurent, plus grand encore le nombre de celles qui furent découronnées. Les tours qui attirent encore le regard, loin de marquer la puissance et l'audace de leurs anciens maîtres, ne signalent que leur humeur relativement pacifique.

Du campanile municipal, l'attention se porte tout d'abord sur une sorte d'îlot, relié à la ville par un pont qui surplombe un ravin profond. Cette éminence est en grande partie occupée par une masse imposante formée de la cathédrale et de l'évêché. Là se dressait autrefois la forteresse; là fut le berceau de Viterbe. C'était un *paesello*, aux temps reculés du royaume lombard, l'un des derniers postes que les Lombards occupaient dans le sud : on l'appelait le *castello di Viterbo*. Lorsque Didier se rendit dans cette région, avec le dessein d'aller assiéger le pape Adrien dans Rome, il fut frappé de la force naturelle de cette position. Des précipices entouraient le « château » de toutes parts : on n'y accédait que par un pont jeté sur la vallée par les Étrusques : Didier munit ce poste de murailles et en fit son quartier général. C'est alors qu'on vit apparaître au camp lombard les légats pontificaux, chargés, non de prières, comme on se plaisait à le supposer, mais de terribles menaces spirituelles à l'adresse de l'audacieux envahisseur. Le roi barbare fut atterré : il suspendit aussitôt la marche de ses troupes. Sur ces entrefaites, il apprenait que Charlemagne avait franchi, avec ses Francs, le passage des Alpes : il partit en toute hâte vers le nord avec une partie de ses forces et courut s'enfermer dans Pavie. On sait que Pavie dut ouvrir ses portes et que Didier termina ses jours dans un couvent près de Corbeil. Privés de leur chef, les Lombards que Didier avait laissés à Viterbe s'y établirent, formant ainsi, sur le penchant du mont Ciminien, une colonie militaire et isolée; ils se mêlèrent à la population locale et lui infusèrent, avec le sang barbare, les instincts batailleurs de leur race. M. Pinzi, le docte historien de Viterbe, retrouve dans sa ville natale des témoignages nombreux et significatifs de cette origine lombarde.

Devenu forteresse crénelée, le *castello* vit les différents quartiers de la ville actuelle sortir peu à peu de son sein comme d'un foyer fécond et se déployer vers le nord. La querelle des investitures fit faire à Viterbe un pas décisif en avant. Tandis que les papes excommuniaient les empereurs et que les empereurs répondaient à ces anathèmes en suscitant des antipapes, elle se constitua sans coup férir en commune autonome, sinon juridiquement indépendante. Son premier soin fut de pourvoir à sa sécurité : elle s'entoura de murs. N'ayant plus rien à craindre pour sa liberté, elle menaça celle des autres. Ses milices assujettirent successivement toutes les terres d'alentour. Ferento résista et fut rasée. Viterbe grandit rapidement au point d'exciter la jalousie des Romains. Un empereur lui avait concédé le titre de « cité »; un autre, Frédéric Barberousse, ayant entrepris d'humilier le pape Alexandre III dans Rome, fit à Viterbe une entrée solennelle. Comme un représentant de Dieu sur la terre, le César germanique bénissait le peuple de sa main étendue; le peuple répondait par ses acclamations. Suivi des milices viterboises, traînant avec lui l'antipape Pascal, Barberousse mit le siège devant la Cité léonine. Les Romains opposèrent une résistance opiniâtre, mais ils cédèrent dès qu'ils virent la basilique vaticane menacée par les flammes. Pendant que les Allemands pillaient le trésor de Saint-Pierre, les Viterbois se contentaient d'en desceller les portes de bronze, qu'ils emportèrent dans leurs murs comme un trophée.

La vengeance se fit attendre trente-trois ans. Viterbe l'attira sur sa tête en provoquant à la fois le pape et le sénat, ces deux puissances rivales par tradition. Le pape répondit par l'interdit, le sénat par l'envoi d'une armée, qui, battue dans une première rencontre, l'emporta finalement.

C'en était fait de Viterbe sans l'intervention inattendue d'Innocent III, un pape politique, qui ne voulut pas que la victoire des Romains se changeât en un triomphe définitif. Les vaincus durent s'estimer heureux d'acheter la paix moyennant la restitution des portes de Saint-Pierre.

Viterbe courut peu après un danger encore plus pressant. Frédéric II, cet énigmatique empereur, avait attiré la ville dans son alliance, par l'entremise du parti gibelin. Il la comblait de ses faveurs : pour lui témoigner sa bienveillance, il alla jusqu'à munir le château d'une garnison allemande, jusqu'à construire un palais susceptible de loger sa cour, ses officiers et ses concubines. De si grandes marques d'intérêt touchèrent les Viterbois au point sensible ; ils y répondirent, comme il convenait, en exilant les chefs de la faction gibeline et en mettant le siège devant le château. On ignore ce dont le prince fut le plus irrité, de voir pénétrer ses secrets desseins ou de perdre une place qui lui assurait de si réels avantages dans sa lutte contre le pontificat. Il accourut avec une armée, donna incontinent l'assaut et fut repoussé.

C'était d'un siège en règle qu'il s'agissait. Frédéric envoya des agents en Toscane avec ordre de lever des troupes. Par malheur pour lui, de nombreux anathèmes pesaient sur la tête du César qui avait violé son serment de prendre la croix. Ce successeur de Charlemagne ressemblait, d'ailleurs, plus à un sultan qu'à un monarque chrétien. Avec sa garde sarrasine, ses astrologues, son harem, il apparaissait aux yeux des Italiens comme une sorte d'Antéchrist; et quand le défenseur de Viterbe, le cardinal Capocci, eut publié la croisade contre le Hohenstauffen, rares furent les hommes de guerre qui répondirent à l'appel de l'empereur.

Les Viterbois n'en virent pas moins avec anxiété une ville de bois s'élever en face de leurs murailles. Il leur était impossible de se faire illusion sur le sort qui les attendait en cas de défaite. La cruauté de Frédéric était aussi célèbre que sa perfidie. Mais Viterbe contenait une population enivrée d'indépendance, incapable d'accepter le joug. C'est dans ces conditions que l'on préluda au duel singulier d'une simple commune de soixante mille habitants contre l'héritier des Augustes, le maître de l'Allemagne et d'une partie de l'Italie, le roi de Jérusalem, duel rendu plus inégal encore par la présence dans le château d'une forte garnison allemande. Capocci, cet homme d'Église doublé d'un grand capitaine, fit face à tous les dangers. Aux tours de bois, aux châteaux roulants, aux balistes des Allemands, il opposa des machines de son invention, des chemins couverts. Par son ordre, on pratiqua des corridors secrets qui, passant sous les murailles de la ville, aboutissaient au camp impérial. Là était le salut de Viterbe. Quand sonna l'heure de l'assaut général, les Allemands, après une lutte acharnée, parvinrent à forcer l'enceinte de pieux que Capocci avait fait dresser sur le point le plus faible. Déjà ils chantaient victoire, quand une clameur terrible éclata derrière eux : le camp impérial était la proie des flammes. En vain Frédéric essaya-t-il de rallier ses troupes, la panique régnait en souveraine. La grosse cloche de Viterbe, sonnant à toute volée, apprit à la contrée que la journée était perdue pour l'empereur. L'échec était de ceux qu'on ne répare pas.

Mais ce fut, de tout temps, à l'intérieur des murs que se livrèrent les plus furieux combats. Il semblait qu'un vent de discorde soufflât perpétuellement sur cette population pour animer les citoyens les uns contre les autres, dans des luttes — et c'est là ce qu'il convient de remarquer — d'où l'intérêt public était presque toujours absent. Dès le douzième siècle, la ville est comme partagée en deux camps, avec des chefs reconnus : d'un côté, commandent les Gatti, originaires de Bretagne; de l'autre, les Tignosi, venus de Mayence. Autour de ces familles riches et puissantes, se groupent tous les nobles, suivis de leurs vassaux, de leurs amis, de leur nombreuse domesticité; les uns possesseurs de fiefs et de châteaux forts dans la campagne, les autres enfermés dans leurs maisons de ville, semblables à des forteresses. Des deux côtés, on est avide de domination; de là des intrigues sans fin, des brigues désespérées pour obtenir les charges enviées de podestat et de capitaine du peuple. Les annales de Viterbe relatent ces rivalités, qui dégénèrent bientôt en contestations brutales et en voies de fait. Puis, par une conséquence nécessaire, viennent les coups de main, les guets-apens, les trahisons, les meurtres. Le sang commence à couler en 1216 : on saccage les maisons, on rase les tours ennemies. Nouvelle échauffourée en 1221, puis, deux ans plus tard, en 1223, l'explosion éclate si violemment que cinquante citoyens demeurent sur le carreau et que le nombre des blessés est considérable. Tel est le prologue de dissensions qui devaient se perpétuer pendant deux siècles.

De cette époque tumultueuse, de ces mœurs farouches, quelques quartiers de Viterbe portent encore l'empreinte, celui de San Pellegrino plus que tout autre. Là, le moyen âge s'est perpétué avec une ténacité rare. Deux circonstances ont principalement permis à ce coin de Viterbe de parvenir ainsi, dans une intégrité relative, au seuil du vingtième siècle. En premier lieu, les constructions sont de péperin, pierre particulièrement résistante. Les habitants ne sont, d'autre part, et depuis longtemps, que de pauvres *contadini*, logés, par une ironie du sort, dans les fières demeures nobiliaires du passé. Le temps a trouvé de la sorte des obstacles à son œuvre habituelle de destruction. Quant à la main des hommes, elle n'a rien abattu pour transformer ou pour embellir, se bornant à soutenir tant bien que mal ce qui menaçait ruine. Voilà pourquoi, dans la masure d'aujourd'hui, un œil tant soit peu clairvoyant retrouve les maisons et les palais d'autrefois.

Aventurez-vous sans réflexion dans ce pauvre quartier : ce seront à chaque pas, pour ainsi dire, des sensations inconnues qui viendront vous assaillir à l'improviste, des surprises surgissant sous toutes les formes : tours noirâtres percées de rares fenêtres, ruelles dallées qui s'engouffrent sous des arcades sombres ou plongent en tournant dans des profondeurs, hautes murailles rébarbatives qui enserrent un *vicolo* étroit, montées et descentes se succédant sans ordre et sans fin, escaliers extérieurs et perrons élevés donnant seuls accès à des maisons inhospitalières, colonnes encastrées dans un angle, lourds balcons qui surplombent la voie publique, frise ou cordon gothique courant sur un mur recrépi, croisées modernes inscrites dans une ogive à peine transparente, écussons féodaux illustrant une entrée quelconque, portes vermoulues semées de gros clous, armées de verrous gigantesques; fontaines originales. Au milieu de ces témoignages estropiés, mais éloquents, d'une vie qui n'est plus, un peuple de pauvres gens dont la vie s'écoule à la grâce de Dieu. Des femmes assises sur le pas des portes, une nuée d'enfants à moitié vêtus qui jouent et qui crient à qui mieux mieux ; ici, un lavoir où des filles en chignon blanchissent bruyamment les loques de la famille; là, un jardinet grand comme la main où des plantes folles poussent en forêt vierge. Certes, ils n'ont à aucun degré la mine belliqueuse, ces pauvres diables surpris de voir l'intérêt que suscite chez les étrangers leur misérable logis; et pourtant, dans son abandon, San Pellegrino respire à pleins poumons une atmosphère de bataille.

Le centre du quartier en était aussi le cœur; là se dressaient des tours pressées en quelque sorte les unes contre les autres, alliées ou ennemies; un grand nombre ont survécu, plus ou moins mutilées. Sur une place minuscule est une humble église dont la façade a été plus d'une fois réparée; asseyez-vous sur les marches et ouvrez largement les yeux, car, dans cet étroit horizon, vous pouvez vous offrir une des plus poignantes évocations qui soient du haut moyen âge. Sur deux côtés, en face et à droite, repose le palais des Alessandri, ou plutôt l'ossature décrépite de ce que fut cette demeure féodale, singulier mélange de préoccupations militaires et artistiques, produit mixte des traditions lombardes et des influences romaines, massif et pesant comme une armure avec ses arcs surbaissés et son balcon volumineux, élégant avec ses frises sculptées, pittoresque surtout en raison de l'inattendu des lignes, si original que l'œil ne discerne aucun plan d'ensemble et que la pensée imagine d'elle-même, dans ce coin du monde, les existences les plus extraordinaires et les drames les plus étranges.

L'histoire ne dément pas, tant s'en faut, les rêves de scènes émouvantes qu'engendre la vue de ce palais romantique. On raconte que, pendant le séjour qu'il fit à Rome, Walter Scott se rendait souvent à Bracciano, préférant la silhouette et les cours intérieures du château féodal des Orsini aux ruines du Colisée et des thermes de Caracalla. Il eût sans doute goûté un égal plaisir devant les restes du palais des Alessandri. Il aurait pu retrouver, d'ailleurs, en feuilletant les vieilles chroniques, plus d'un trait digne de trouver place dans un de ses romans. Ces Alessandri appartenaient à la faction des Gatti. Pas de querelles citadines qui leur fussent étrangères. Ils devaient vivre, dans leur maison crénelée, à laquelle on n'accédait que par des ruelles tortueuses, coupées de voûtes basses, sur un perpétuel qui-vive : les serviteurs, toujours en armes, prêts à tendre des chaînes à travers les passages voûtés, à faire chauffer l'huile et la poix au sommet des tours. Pour bibelots, ces hommes de proie recherchaient les belles armures niellées, les épées aux lames du plus fin acier, les poignards aux manches d'ivoire, les dagues, les hallebardes, les arbalètes, les casques artistement damasquinés et surmontés de hauts panaches. Aux repas de famille, il y avait toujours un hôte, voisin ou voyageur, pour raconter d'invraisemblables aventures à faire frissonner les jeunes filles et ouvrir de grands yeux avides aux jeunes garçons. Et puis, soudain, c'est la réalité qui surgissait, plus tragique encore, comme en 1223, où le quartier de San Pellegrino fut témoin d'une violente explosion. Le parti des Tignosi comptait parmi ses adhérents un certain Niccola Cocco, qui était parvenu, dans ce temps d'orages journaliers, à conquérir la réputation d'un brigand féroce; sa vie était un tissu d'actions violentes qui avaient attiré sur lui, sur ses parents et sur ses amis de cruelles représailles. Un beau jour il réussit à pénétrer avec plusieurs acolytes dans ce palais Alessandri que j'ai là sous les yeux. Ce fut d'abord un sauve-qui-peut général. Plusieurs personnes furent tuées avant d'avoir pu se mettre en défense. Tandis que les hommes s'armaient à la hâte, les femmes se réfugiaient dans les appartements écartés, dans de mystérieuses cachettes. Deux des Alessandri furent grièvement blessés dans les premières collisions. Cependant, du haut de la tour, les serviteurs avaient appelé à l'aide; tout le quartier s'était armé tumultueusement. Les amis des Alessandri accoururent en foule, on combattit avec rage, et Cocco dut chercher son salut dans la fuite. Ce n'est là qu'un des épisodes authentiques des luttes dont le vieux palais fut le théâtre.

Il s'en faut que les vestiges ou, pour

être plus exact, les reliques de ce passé lointain ne se rencontrent que dans le quartier de San Pellegrino. Une aile du palais des Gatti, de ces puissants et audacieux chefs de faction, noircie, cariée par les siècles, mais encore debout, rappelle, avec sa saillie menaçante, la superbe arrogance de ses anciens maîtres. Et, s'il faut éviter l'écueil d'une nomenclature et passer du profane au sacré, sans changer d'époque, comment ne pas faire une halte à San Giovanni in Zoccoli, cette église de pierre et rien que de pierre? Quoique bâtie aux environs de l'an mille, elle est parvenue jusqu'à nous dans son intégrité. Pour la restaurer, Cavalcaselle s'est contenté de débarrasser le sanctuaire des oripeaux que la dévotion moderne y avait entassés. Telle qu'une statue antique, San Giovanni ne captive aujourd'hui le regard que par la pureté de ses lignes, l'équilibre de ses proportions. Pas de vaines inventions, aucun de ces ornements qui, tout en s'harmonisant avec l'édifice, détournent l'attention des fidèles de la gravité des cérémonies. Nul débris de l'antiquité, comme dans les églises de Rome. Les colonnes qui séparent les trois nefs ne proviennent pas de temples païens. Les autels placés en avant des absides ne se font remarquer que par leur austérité. C'est bien, au moral, l'église monastique, cistercienne, l'église selon saint Bernard, réduite à ses éléments essentiels. L'art n'intervient que pour ennoblir les formes. San Giovanni convenait admirablement à un peuple qui restait foncièrement religieux, tout en transgressant les préceptes les plus formels de l'évangile. Par les fenêtres étroites et sans vitraux, descend un jour clair, mais rare, propice à la méditation. Apparemment, l'imagination de ces foules que le doute n'effleurait même pas n'avait pas besoin d'accessoires plastiques, encore moins pittoresques, pour évoquer la vision intérieure. Les mystères de la religion, les péripéties poignantes de la passion, la légende des saints et des confesseurs, les peines réservées aux damnés, présentes à toutes les âmes, suffisaient pour remplir ces voûtes nues de personnages effrayants ou adorables, d'images grandioses.

Sur la place principale de Viterbe, se faisant vis-à-vis, s'élèvent deux édifices qui rappellent l'époque où la ville, à peu près indépendante, atteignit l'apogée de sa puissance. Ils ont été tous deux édifiés à la même époque, en 1264. L'un servait de résidence au capitaine du peuple;

l'autre, comme de raison le plus imposant, était la maison de la commune. Au treizième siècle, on rencontrait dans chaque cité italienne un palais municipal, symbole de la liberté, comme on compte un hôtel de ville dans chacune des bonnes villes des Flandres. Le palais communal de Viterbe a été restauré sous le pontificat de Sixte IV; ses créneaux guelfes ont disparu; les fenêtres ogivales se sont transformées en croisées classiques. En dépit de ces altérations, le monument a gardé une allure noble et fière. De la place, par le *portone* ouvert, on aperçoit la campagne qui verdit sous le ciel bleu. J'ai toujours éprouvé un ravissement en franchissant la voûte, par une belle matinée. On débouche sous un portique qui forme le fond d'une cour de moyenne grandeur, délicieuse de vétusté et d'abandon. A droite, un grand mur, tapissé à sa base d'écussons héraldiques. L'horizon, en face, n'a pas de limites. Sur le ciel se détache une fontaine d'une incomparable légèreté. A n'en pas douter, dans ses eaux murmurantes se cache la divinité tutélaire de Viterbe. Là règnent imperturbablement la paix et le silence, à deux pas de la place où, en l'an de grâce 1281, nobles et vilains se livrèrent un des plus furieux combats dont les annales des municipes italiens aient gardé la mémoire. Que dire des anciens appartements du podestat, à l'étage supérieur? J'ai vraiment cherché la salle d'Hercule, où se tenaient les assemblées. Dans les pièces aménagées pour l'administration actuelle, on ne retrouve que le souvenir des timides conseillers qui, naguère encore, régissaient la ville, sous l'œil vigilant et jaloux des légats. En bas, on a installé le musée civique, musée de province, et d'une province qui n'a créé aucune grande école d'art. Dans le local qui lui est affecté, c'est un pêle-mêle d'objets disparates, au milieu desquels on est heureux de découvrir une *Pietà* dont il faut, selon Vasari, attribuer l'invention à Michel-Ange et l'exécution à Sebastiano del Piombo. Singulière collaboration, née du désir de disputer à Raphaël la prééminence parmi les peintres, qui a engendré un chef-d'œuvre, autant que les dégradations permettent d'en juger.

Construit à la même époque, sur l'emplacement de l'ancienne forteresse, le palais épiscopal est né d'une pensée politique. Viterbe était trop voisine de Rome pour ne pas sentir le contre-coup des agitations dont l'ancienne capitale du monde ne cessait d'être le théâtre. Plusieurs papes, à cette époque tumultueuse, avaient paru ou séjourné à Viterbe. L'empereur Henri V y avait amené prisonnier Pascal II; Adrien V, un pape anglais, et même le seul pape anglais, s'y était réfugié pour échapper aux embûches de Frédéric Barberousse; Innocent III y avait tenu un concile contre les hérétiques. Entre temps Viterbe avait donné asile à un antipape. Plus tard, en mai 1257, Alexandre IV, chassé du palais de Latran par les gibelins de Rome, s'était transporté à Viterbe avec sa cour et le gouvernement pontifical. Un vrai coup de fortune pour la ville, car, si la papauté avait alors des pieds d'argile, c'était, malgré tout, un colosse qui tenait le monde entier embrassé dans son étreinte spirituelle et qui disputait aux empereurs le sceptre de la domination politique. A la suite du pontife suprême et des cardinaux, une nuée de prélats, de camériers, de fonctionnaires, d'officiers, de clercs, s'abattit sur la nouvelle capitale de la chrétienté. La valeur des loyers doubla; le prix des denrées éprouva une ascension égale. Devant cette manne providentielle, les esprits se pacifièrent comme par enchantement. Alexandre IV mourut; son successeur fut élu à Viterbe sans contestations : il prit le nom d'Urbain IV; ce fils d'un savetier de Troyes alla à Pérouse; mais, après lui, Clément IV, un autre Français, ramena la cour à Viterbe. Il y descendit dans un palais tout neuf que les bourgeois avaient édifié pour procurer au chef de l'Église une résidence digne de lui. Ce palais confinait à la cathédrale. Il sert aujourd'hui de demeure à l'évêque.

Quand on a franchi le pont d'origine étrusque dont il a été parlé plus haut, on laisse à main droite une vieille maison fleurdelisée, — probablement celle où naquit Paul III, Farnèse, — et on aborde, presque aussitôt, une place silencieuse, empreinte à un haut degré du caractère propre au moyen âge. D'un côté, paraît l'église métropolitaine, flanquée de son campanile toscan, rayé noir et blanc, vieil édifice remanié où le style primitif n'est plus représenté que par la double rangée de colonnes qui accompagne la nef principale.

Deux papes y furent enterrés. La tombe d'Alexandre IV a disparu; celle de Jean XXI est moderne. Jean XXI était Portugais; le duc de Saldanha, ambassadeur du Roi Très-Fidèle, entreprit d'élever un monument à sa mémoire : le sépulcre ne se fait remarquer que par un mépris souverain des règles les plus élémentaires de l'esthétique. Le souvenir d'un autre pape s'attache à la cathédrale. C'est, en effet, sous ses voûtes que Clément IV fulmina l'excommunication contre Conradin, au moment où ce jeune prince, transgressant les avis d'une mère inspirée, descendit en Italie pour disputer à Charles d'Anjou l'empire si longtemps détenu par les Hohenstauffen, ses ancêtres. Clément IV, un des grands papes que la France ait donnés à l'Église, siégeait sur un trône élevé, une torche allumée dans la main. Autour de lui se pressaient les cardinaux, tous les prélats et les clercs de la curie. On donna lecture de la bulle latine dirigée contre Conradin et ses adhérents. Tout à coup, le pape se dressa sur ses pieds; jetant par terre la torche qu'il tenait à la main, il s'écria d'une voix tonnante : « Qu'ils soient excommuniés! » Les clercs,

imitant le geste du pontife, répétèrent :
« Qu'ils soient excommuniés! » Les chroniqueurs ajoutent que le peuple, saisi de terreur, s'écoula lentement.

Ces papes redoutables habitaient le palais voisin de la cathédrale. On y accède par un escalier conduisant à une loggia formée d'arcades aux colonnes élégantes, à l'entablement rehaussé d'écussons et de sculptures gothiques. C'est de là que les pontifes donnaient au peuple assemblé la bénédiction apostolique, après les cérémonies solennelles. Au travers des restaurations successives, on cherche en vain les anciens appartements pontificaux. Une salle a survécu, sorte de hall gigantesque, austère, éclairé par deux rangées de fenêtres superposées. Elle est couverte par un toit fait de grosses poutres qui sont restées apparentes. Dans le sol, on discerne des trous réguliers; ces trous ont leur histoire, comme la salle elle-même.

Clément IV venait de mourir. Or, depuis 1059, l'élection pontificale appartenait de droit aux cardinaux. Cette fois, onze Italiens et treize étrangers se trouvaient en présence. Aucune règle ne leur était imposée; ils délibéraient et votaient selon leur bon plaisir. Les premières conférences firent prévoir qu'on parviendrait difficilement à s'entendre; de fait, des mois s'écoulèrent sans qu'on eût seulement incliné vers un accord. Scandalisé de cette inertie, le podestat de Viterbe menace de prendre des mesures coercitives contre les cardinaux : il est excommunié. Cependant la chrétienté commence à s'émouvoir. Saint Bonaventure conseille d'enfermer les électeurs jusqu'à ce qu'ils aient décidé du sort de l'Église. L'avis est adopté et, certain jour, les cardinaux, saisis chez eux, sont enfermés dans la grande salle du palais pontifical. Les victimes ne se font pas faute de protester, comme on peut l'imaginer, sans que leurs monitoires courroucés produisent, cette fois, la moindre impression. Les prisonniers doivent faire contre fortune bon cœur. Dans la salle immense, un camp pittoresque se dresse; les trous dont le sol est percé marquent l'endroit où furent plantés les piquets des tentes cardinalices. Mais, tout reclus qu'ils sont, ces vieillards demeurent inébranlables. On rationne leur nourriture : c'est en vain. Sous forme de plaisanterie, le cardinal-évêque de Porto dit un jour à ses collègues : « Enlevons le toit qui empêche le Saint-Esprit de descendre en nous! » Le mot parvient aux oreilles des magistrats, qui ordonnent incontinent que la grande salle soit découverte, laissant les princes de l'Église exposés à tous les caprices du temps. Peine perdue! Les hommes de ce temps ne se bornaient pas, comme ceux du nôtre, aux vaines protestations; leurs actes s'élevaient à la hauteur de leurs menaces. Seul l'évêque d'Ostie, malade, se résigne à sortir de la prison commune. Ses collègues exigent qu'il renonce préalablement à son droit de suffrage. Cette formalité accomplie, le collège écrit une lettre à la commune pour solliciter le libre passage. On peut consulter, dans les archives municipales, ce singulier document, daté du 8 juin 1270, *in palatio discooperto* (sic) *episcopatus viterbiensis*. Les brigues n'en continuèrent pas moins, cependant que les foudres spirituelles pleuvaient sur la ville. Elles prirent enfin un caractère si atroce que le peuple se sentit frémir d'une crainte superstitieuse et que les magistrats découragés promirent aux électeurs qu'ils jouiraient dorénavant de leur pleine indépendance.

Sur ces entrefaites, arrivaient à Viterbe les débris de la Croisade commandée par Louis IX. Philippe, surnommé plus tard le Hardi, et son oncle, Charles d'Anjou, ramenaient le corps du pieux monarque, mort en terre d'Afrique. Les exhortations du roi de France ne parvinrent pas à triompher de l'obstination des cardinaux. Le prince partit sans avoir rien obtenu. L'évêque suburbicaire d'Ostie, on l'a vu, s'était éloigné; le cardinal Peronti était mort; l'évêque de Porto ne prenait plus part aux conférences. Lassés, mais non pas convaincus, les électeurs se résignèrent finalement à adopter un moyen terme. Ils chargèrent une commission de six d'entre eux de désigner le pape, s'engageant au préalable à ratifier la décision prise, quelle qu'elle fût. Le choix tomba sur un simple archidiacre, Tebaldo Visconti, qui se trouvait en terre sainte. Averti de l'élection, l'intéressé refusait d'en croire ses oreilles. Il prit le nom de Grégoire X.

Frappé du scandale causé par des débats auxquels il n'avait pas pris part, le nouveau pape résolut de prévenir le retour d'une semblable calamité. La constitution *Ubi periculum* instituait les *novemdiales*, prescrivait la clôture, réglait la réduction progressive des aliments servis aux cardinaux en temps d'élection. C'était sanctionner les principales mesures suggérées aux magistrats de Viterbe par des circonstances exceptionnelles. On est donc amené à constater que c'est de l'initiative de ces magistrats qu'est sortie l'institution du « conclave ». Les cardinaux ne souscrivirent pas sans peine à une innovation qui avait pour effet de limiter la souveraineté du collège, *sede vacante*. La bulle pontificale fut plus d'une fois violée dans la suite; les règles qu'elle posait n'en devaient pas moins passer avec le temps dans la pratique et constituer la base de la législation qui a prévalu, en ce qui concerne l'élection des papes.

L'église de San Francesco, construite, à l'autre bout de la ville, sur l'emplacement d'un ancien château lombard, renferme des tombeaux où triomphe l'art des mosaïstes du moyen âge. Ces maîtres avaient trouvé des formes admirables pour embellir la sépulture chrétienne, sans altérer son caractère traditionnel. Ces figures de morts qui reposent, les mains jointes, sur un sarcophage et sous un dais gothique, respirent la paix que l'Église promet à ceux qui ont vécu sous sa loi ou qui, à l'heure suprême, se sont réconciliés avec elle. Au pécheur, même au criminel converti, elle ne refuse pas l'absolution, témoin ce Pietro di Vico dont le sépulcre se trouve dans le transept. Ce fut, tandis qu'il vivait, un gibelin militant, grand usurpateur de biens ecclésiastiques, partant chargé d'innombrables censures. Il mourut des suites des blessures qu'il avait reçues à la bataille de Tagliacozzo. Il prétendit, à son lit de mort, que l'éclat de son repentir ternît, s'il était possible, celui de ses crimes. Dans son testament, il ordonna — tant sa conscience était bourrelée de remords et son âme harcelée par la crainte des flammes éternelles — que son cadavre serait écartelé et partagé en sept morceaux, en souvenir des sept péchés mortels qu'il avait commis avec excès.

Non loin de ce féodal féroce, repose le pape qui le poursuivit de ses foudres, ce Clément IV qui réduisit à néant les espérances de l'infortuné Conradin.

Au jugement des gens de Viterbe, Clément IV était mort en odeur de sainteté. Le souvenir des victoires remportées sous ses auspices faisait impression sur les esprits; les vertus du pontife avaient touché les cœurs. Pour lui obéir, on l'avait enterré à Santa Maria de Gradi, l'église des dominicains. Bientôt le bruit se répandit que son tombeau opérait des miracles. La foule y accourut; c'était pour l'église un gage assuré de célébrité, une promesse de gains inattendus. Les chanoines de la cathédrale tressaillirent de jalousie; soutenus par leurs paroissiens, ils osèrent réclamer la dépouille du pape défunt. Afin de couper court à de regrettables contestations, les cardinaux réunis en conclave ordonnèrent que le cercueil serait provisoirement déposé dans une église neutre. Le chapitre métropolitain était trop pénétré de l'injustice de ses prétentions pour se contenter de cette demi-victoire. Un beau jour, on apprit que le cercueil avait émigré à la cathédrale. Il fallut trois jugements du nouveau pape pour faire courber la tête aux chanoines, et, lorsqu'on voulut exécuter l'arrêt, toutes les dévotes du quartier se mobilisèrent : la menace de l'excommunication eut seule raison de ces forcenées qui prétendaient à tout prix garder leur saint. Cela se passait en 1275. Clément IV dormit en repos l'espace d'environ cinq cents ans. Mais il était écrit que ses cendres seraient en butte à d'éternelles agitations. On entreprit, en 1738, la restauration de l'église de Gradi. Le tombeau fut transporté à San Domenico, où les soldats de Berthier, envoyés pour révolutionner Viterbe, le dégradèrent sans pitié, à ce point qu'en 1840 le comte Septime de La Tour-Maubourg, ambassadeur de Louis-Philippe près le Saint-Siège, entreprit de réparer les injures infligées par des Français au plus illustre des papes français. Nouvel exode en 1874. L'autorité royale avait ordonné que le tombeau serait transféré à San Francesco, transformé en panthéon municipal; mais il arriva sur ces entrefaites que des mains sacrilèges violèrent la sépulture et profanèrent les cendres du pontife. Ce fut un scandale; en vue de calmer les esprits, San Francesco fut alors rendu au culte et le tombeau de Clément IV y fut transporté le 29 juillet 1885. Ce monument funéraire aurait dû pourtant, plus qu'aucun autre, inspirer tous les respects. Il était, en effet, l'ouvrage d'un sculpteur dont la réputation avait franchi les limites de la Péninsule, Pietro di Oderisio; il suffit d'ajouter que l'abbaye de Westminster renferme deux tombeaux exécutés sous sa direction. Le mausolée de Clément IV était encore intact quand Papebroch en fit un dessin qui a été conservé; d'après ce croquis grossier, mais fidèle, on peut se convaincre que la restauration due à l'initiative du comte de La Tour-Maubourg a été conduite non sans scrupule. Tout porte également à croire que la sépulture de Pietro di Vico est du ciseau d'Oderisio.

Adrien V appartient à la famille des papes éphémères : il ne régna que trente-neuf jours; mais, comme il mourut à Viterbe, on lui érigea un tombeau dans l'église de San Francesco. Le pontife, les mains jointes, repose pacifiquement sous un tabernacle soutenu par de légères colonnes torses. La clarté des divisions architectoniques, la richesse sans emphase des ornements de sculpture et des mosaïques, décèle la main d'un maître. C'est, en effet, à un des grands artistes de Rome qu'est dû ce monument. Son nom est Vassaletto ; son chef-d'œuvre, le cloître de Saint-Jean-de-Latran. La paix de la tombe et la paix du couvent, telles étaient les sources auxquelles les hommes du moyen âge puisaient leurs plus belles inspirations. Ils excellaient à produire des œuvres sentimentales dans un cadre déterminé. Par des moyens fort simples, ils parviennent à triompher le plus souvent de la virtuosité plus savante, quelquefois même plus originale et plus personnelle, de leurs successeurs.

Tandis que j'errais par les rues de Viterbe, bien d'autres églises m'ont arrêté un instant; mais l'Italie est si riche en édifices de ce genre qu'à vouloir les connaître tous on s'exposerait à ne se souvenir bientôt d'aucun. Le petit sanctuaire de San Silvestro, quelque banal qu'il soit, mérite cependant qu'on fasse une exception en sa faveur, en raison de la tragédie dont il fut témoin.

Parmi les seigneurs qui avaient suivi Charles d'Anjou à la conquête du royaume de Naples, du « Royaume, » comme on disait alors en Italie, se trouvaient Guy et Simon de Montfort, fils de ce comte de Leicester, vaincu à Evesham, tué au moment où il rendait son épée et exposé, après sa mort, aux plus sanglants outrages. Or, dans la suite du roi de France, revenant de Tunis, on voyait Henri de Cornouailles, petit-fils de Jean sans Terre et neveu d'Henri III, roi d'Angleterre. Les Montfort n'apprirent pas sans une poignante émotion l'arrivée de ce jeune prince à Viterbe. Ils y accoururent aussitôt, brûlant de venger dans le sang d'un Plantagenet le traitement sauvage infligé à leur père. En bon croisé, Cornouailles s'était rendu un matin à l'église de San Silvestro pour y entendre la messe, quand tout à coup un cliquetis d'armes et une clameur menaçante le firent tressaillir. Par un mouvement instinctif, il courut vers l'autel, cherchant un refuge auprès de l'officiant. Guy et Simon de Montfort s'étaient précipités sur ses pas; un coup de hache lui trancha la main accrochée à l'autel; il tomba percé de nombreuses blessures. Des deux desservants qui avaient tenté de le protéger, l'un fut tué sur place, l'autre mortellement blessé. Les meurtriers étaient déjà à cheval quand un des complices de cet assassinat fit à Guy de Montfort cette étrange question : « Qu'avez-vous fait, monseigneur? — Tu le vois, je me suis vengé. — Avez-vous donc oublié, poursuivit l'autre, que votre père a été ignominieusement traîné par les cheveux à travers le camp anglais, après avoir reçu le coup fatal? » A ce souvenir, Guy est saisi d'un nouvel accès de fureur. Il rentre dans l'église comme un ouragan et, saisissant le cadavre du Plantagenet par les cheveux, il le traîne hors du saint lieu en l'insultant; puis, remontant lestement en selle, il s'enfuit à bride abattue. Ce crime, commis de sang-froid presque sous les yeux du roi de France, exigeait une punition exemplaire. Les cardinaux fulminèrent l'excommunication contre les coupables. A Charles d'Anjou incombait le devoir de laver l'injure infligée à la couronne d'Angleterre, car il représentait dans l'espèce le bras séculier. Mais, comme les Montfort comptaient parmi ses fidèles, le frère de saint Louis se contenta de confisquer leurs biens — à son profit. Grégoire X voulut se montrer meilleur justicier. Il était à peine assis sur le trône pontifical qu'il mit Guy de Montfort hors la loi. Simon était mort peu de temps après l'assassinat du prince anglais.

Voilà de farouches souvenirs attachés aux principaux monuments de Viterbe. La place de la Rocca rappelle une époque moins troublée. La forteresse fut construite par le cardinal de Albornoz, après qu'il eut vaincu et fait prisonnier Giovanni de Vico, le plus ambitieux des tyranneaux de Viterbe. La Rocca avait pour mission de tenir en respect un peuple indocile et de décourager les desseins des grands Détruite, puis rebâtie, elle ne fut achevée que par Paul III. Sous l'administration des légats, les esprits s'apaisèrent insensiblement. Il y a beaux jours que la Rocca a perdu, avec ses créneaux et ses fossés, sa physionomie de forteresse; elle est tombée au rang de simple caserne. Il lui faut ses hautes murailles et l'écusson fleurdelisé des Farnèse pour attester qu'elle est de date ancienne et de noble origine. Elle n'en communique pas moins quelque caractère à la vaste place sur laquelle s'élève le monumental autant que médiocre hôtel Grandori.

Une fontaine, construite sur les dessins de Vignola, agrémente la place. Aussi bien Viterbe s'intitule-t-elle la « ville des belles fontaines ». Les Italiens ont de tout temps été passionnés pour les eaux. Leurs ancêtres divinisaient les sources; ils construisaient des bains publics d'une rare magnificence et des aqueducs pour alimenter leurs thermes; afin de rafraîchir la villa d'un César, ou même d'un simple sénateur, on détournait une rivière. Le luxe des fontaines est encore répandu dans toute l'Italie. Les villas de la Renaissance ont été pourvues, bien avant Versailles, de cascades artificielles, de châteaux d'eau, de monstres vomissant des torrents avec fracas. Le nom des plus grands artistes est attaché à ces créations charmantes. Pérouse montre avec orgueil sa fontaine de Niccola Pisano, si gracieusement étagée. A Rome, on trouve trois variétés du genre pittoresque aux places Navona, du Tritone et de Trevi, populaires parmi les touristes. Dans les vieilles fontaines de Viterbe, M. Pinzi a démêlé une ressemblance frappante avec celles de Berne. Il retrouve dans leur structure l'influence indéniable du goût septentrional, de la tradition lombarde. Originale assurément, la *Fontana Grande*, dans son style composite du treizième siècle; encore davantage, la fontaine de *Pianoscarano*, avec son cippe hexagone, sa pyramide tronquée, ses colonnettes et ses lions. Dans les chauds après-midi estivaux, les gens de Viterbe aiment à se grouper autour de ces frais bassins. Le soir, le murmure des eaux qu'on ne voit pas jette une note mélancolique dans les rues désertes.

Les fontaines répandent ainsi leur note poétique au milieu des palais délabrés, des tours revêches, des églises solitaires; mais, filles elles-mêmes du moyen âge, restaurées, non gâtées par des mains respectueuses, elles adoucissent, sans l'altérer, le caractère original qui fait de Viterbe une ville à part. Le douzième et le treizième siècle y respirent aussi librement qu'à Sienne le quatorzième et le quinzième. On chercherait en vain ici les palais romantiques, les musées débordant de précieuses dépouilles, les églises chargées des trésors que l'art, en sa jeunesse, est capable d'enfanter. A Viterbe, l'art ne s'est jamais épanoui en manifestations enthousiastes. Les sculpteurs et les peintres n'ont prêté qu'exceptionnellement leur concours aux architectes et aux ingénieurs, qu'il s'agît d'édifices publics ou privés, civils ou religieux. Il se peut que l'exclusion des arts destinés au seul agrément des yeux ou à la satisfaction des sens soit un fruit de l'incessant besoin d'action qui tourmentait les compatriotes de Capocci. Comment oublier, cependant, que Viterbe atteignit l'apogée de sa grandeur vers 1250, c'est-à-dire à une époque où les arts plastiques n'avaient pas encore brisé les vieilles formules? L'éloignement définitif de la cour des papes eut pour conséquence d'arrêter tout net l'essor illustré par l'édification des palais de la commune et des pontifes. L'ère des tyrans ne fut pas, comme ailleurs, propice au progrès des arts de la paix, pas plus que le gouvernement paternel des légats. Si, en regard des peintres fameux que les écoles de Pérouse, de Sienne et du nord de la Péninsule ont engendrés, Viterbe ne peut guère opposer que Lorenzo di Giacomo (1),

(1) Le chef-d'œuvre de ce peintre est un *Mariage de la Vierge* qui se trouve dans l'église de Santa Maria della Verità, située hors les murs de la ville.

c'est apparemment que la terre de la vieille cité était impropre à la culture de plantes délicates. Ne le regrettons pas trop, puisque c'est à cette circonstance que nous devons de retrouver les œuvres du passé, sinon dans leur intégrité primitive, vierges au moins de ces greffes qui, sous prétexte de communiquer une nouvelle sève aux anciennes souches, les abâtardissent à tout jamais. Viterbe est parvenu jusqu'au vingtième siècle ainsi qu'une relique du haut moyen âge, de ce temps où l'insécurité journalière tendait le tempérament et le goût des hommes vers les œuvres mâles et fortes : c'est avec cette physionomie virile, un peu austère, qu'elle se présente à nos yeux. Ce sont ces traits rares qui la rendent chère aux voyageurs épris des œuvres originales, dans lesquelles les mœurs et les idées d'une époque se reflètent comme dans un miroir.

Le moyen âge est par excellence l'époque des contrastes frappants : Viterbe en fournit l'exemple. Au milieu des agitations quotidiennes, presque au lendemain du siège conduit par Frédéric II, parut une figure angélique qui semble planer encore aujourd'hui sur la rude cité. De bonne heure la légende s'empara de la vie de sainte Rose. Selon la tradition, vivante encore parmi le peuple, elle naquit dans la classe la plus humble. Elle s'y distingua, dès ses plus tendres années, par une piété singulière, ardente aux privations et aux pénitences, enflammée de charité pour les déshérités de ce monde. Les documents authentiques ne contredisent pas, loin de là, les témoignages parlés. Il est établi que, peu de temps après la mort de Rose, la ville tout entière, bien que partagée en factions ennemies, avec son évêque, son clergé, son conseil communal, ses magistrats, adressa une supplique au pape, en vue de faire admettre la jeune fille au nombre des saints. On alléguait ses vertus et les prodiges opérés autour de sa tombe. Alexandre IV ne pouvait rompre avec les règles essentielles de la procédure; voulant donner au peuple de Viterbe une marque de sa bienveillance, il ordonna qu'on ouvrît une enquête. La bulle pontificale qui relate ces détails est parvenue jusqu'à nous; elle porte la date du 25 novembre 1251. Rose ne prit officiellement son rang dans le calendrier qu'en 1457; cependant, contrairement aux usages, aucune cérémonie de canonisation n'eut lieu à cette date. On considéra vraisemblablement que la décision du Saint-Siège se bornait à sanctionner une situation acquise. On sait, en effet, de source certaine, que le peuple de Viterbe rendait depuis le treizième siècle un culte public à sa compatriote; l'Église avait donc longtemps toléré une irrégularité excusable à ses yeux.

Tout porte à croire que Rose mourut en 1252, probablement au mois de mars. La bulle d'Alexandre IV spécifie qu'elle échappa aux pièges et aux séductions de ce monde, — ce qui donne une triste idée des mœurs du temps, — car Rose n'avait pas accompli sa quinzième année quand elle rendit son âme à Dieu, et son innocence était considérée comme une exception rare! Sa douceur éclata, ainsi qu'un miracle, au milieu des hommes farouches qui étaient ses concitoyens. Aussi sa mémoire est-elle restée populaire dans la contrée. Bien que l'église placée sous son invocation soit désolante de banalité, le tombeau de la sainte suffit pour y attirer, en longues processions, les bonnes gens du voisinage, surtout aux jours de liesse. Pour honorer Rose, la municipalité organise chaque année des fêtes qui trouvent leur plus éclatante expression dans le transport de la *macchina* triomphale.

Comme les vieilles familles, les villes qui se réclament d'un long passé mettent leur amour-propre à tenir un registre exact de tous les faits qui les touchent de près ou de loin. A ce titre, la *macchina* méritait d'avoir son histoire et même sa chronique. Il y a quelque deux cents ans, la peste sévissait à Viterbe; dans ses angoisses, le peuple implora le secours de sa protectrice, et il sembla que cette prière fût exaucée, car le fléau diminua aussitôt, puis disparut. On décida, pour perpétuer le souvenir de cet événement, qu'une procession solennelle traverserait une fois l'an les rues de la ville sauvée miraculeusement de la contagion. Pour la première fois, en 1664, autorités, garnison, corporations religieuses, aristocratie, peuple, toute la ville, en un mot, suivit la *macchina*, sur le faite de laquelle trônait la sainte. Les dessins qui ont été conservés attestent que la machine était alors de modestes proportions ; elle ne dépassait pas six mètres, mais elle était déjà éclairée *a giorno* par des cierges nombreux, et le transport s'effectuait à dos d'hommes. Chaque année la vit grandir, en quelque façon ; l'émulation, si naturelle aux gens de Viterbe, contribuait à sa rapide transformation. Aux nobles et aux bourgeois revenait alternativement le soin d'organiser la fête ; c'était à qui lui assurerait le plus d'éclat. Ainsi la *macchina* devint à chaque anniversaire plus imposante. C'est à présent une géante dont la taille atteint dix-huit mètres; sa tête s'élève orgueilleusement au-dessus des maisons de la ville.

A mesure qu'elle grandissait, il devenait plus ardu d'en assurer le transport à travers les rues inégales. Aussi, bien que les porteurs eussent acquis déjà par une longue pratique l'expérience requise, de graves accidents attristèrent-ils plus d'une fois la procession. En 1801, une panique se produisit et quarante personnes furent écrasées. Ce fut un deuil public; les fêtes furent suspendues pendant deux ans. Quand les magistrats autorisèrent la procession, en 1804, ils mirent pour condition que les Mineurs conventuels auraient seuls la faculté d'y prendre part. En 1814, ce fut la *macchina* elle-même qui tomba avec un fracas épouvantable. Le même accident s'étant reproduit en 1830, on imagina de munir la charpente de pieds sur lesquels la machine pourrait se reposer, le cas échéant.

Aujourd'hui la *macchina* pèse trois mille kilogrammes, et il faut soixante hommes pour la soutenir. Ces hommes d'élite forment un corps fermé sous le nom de *facchini di Santa Rosa*. On se dispute, dans les familles populaires, l'honneur de compter un membre au nombre de ces porteurs. Comme la plus légère imprudence pourrait amener une catastrophe, la municipalité fait garder les *facchini* à vue pendant toute la journée du 3 septembre, de peur qu'ils ne s'enivrent. A l'*Angelus*, on les conduit à la Porte romaine, d'où part le cortège. La *macchina* est cachée sous un voile : on la découvre, on allume les bougies. Puis les soixante porteurs se glissent sans bruit sous les madriers. Chacun prend la place qui lui est assignée. On peut les voir, à ce moment, les jambes écartées, le dos courbé, disposés en files profondes. Les plus grands sont placés en avant, car la première partie du parcours forme une descente. A un signal donné, tous, d'un mouvement lent, régulier, harmonieux, redressent l'échine. Il y a un instant d'indicible émotion qui saisit à la gorge jusqu'aux habitués. La masse lumineuse, soulevée par ces fortes épaules, oscille une minute sur sa base mobile, puis, graduellement, elle reprend son assiette. Aussitôt, on se met en marche.

Le cortège, parti de la Porte romaine, s'arrête plusieurs fois avant d'atteindre la place de Santa Rosa. C'est un parcours d'environ un kilomètre. La place du Plébiscite est à peu près à moitié chemin entre les deux points extrêmes.

Il existe au palais de la commune une fenêtre, une seule, d'où le regard enfile la via Cavour par laquelle la *macchina* doit passer. C'est le meilleur des postes d'observation. Le syndic de Viterbe m'ayant invité à passer la soirée chez lui, c'est là que je me trouvai, le 3 septembre dernier, avec mes compagnons de voyage et quelques Romains de distinction, parmi lesquels je me permettrai de citer la princesse Ruspoli et ses charmantes filles. La nuit était tombée. La place, au-dessous de nous, regorgeait de curieux. Tout à coup le *campanone* — le bourdon de Viterbe — fit entendre sa note grave, marquant ainsi que le cortège avait quitté la Porte romaine. Dès lors, nos lorgnettes ne quittent plus la via Cavour. Peu de temps après, en effet, les maisons du fond s'éclairent violemment : c'est la *macchina* qui annonce son approche par cette lueur révélatrice. La lueur augmente rapidement d'intensité; puis, dans le lointain, surgit une masse de feu, plus haute que les maisons environnantes. L'effet est inattendu, grandiose, saisissant; un long murmure salue cette flamboyante apparition. Supposez le clocher de la Trinité, à Paris, détaché de sa base ordinaire qui est l'église, et illuminé du haut en bas, descendant la rue des Martyrs, comme mû par un ressort invincible. Tel est le spectacle que j'avais sous les yeux.

En haut de la via Cavour, le cortège fait une courte halte. Nous en profitons pour examiner la *macchina* à l'aide de nos lorgnettes; ses lignes architectoniques sont marquées par les feux, disposés avec un art consommé. Un de mes voisins m'explique qu'elle était autrefois éclairée par des lampions, mais il suffisait de la brise la plus légère pour en éteindre quelques-uns. En vue de parer à cet inconvénient, on a tour à tour essayé des lampes, des feux de bengale, de l'électricité. Les expériences échouèrent piteusement les unes après les autres. La lumière électrique produisit les effets les plus bizarres : on y renonça. Cette fois, on a fait usage de *lampadari*, c'est-à-dire de bougies protégées par des verres. C'est une vraie trouvaille ; jamais, de l'avis unanime des personnes qui m'entourent, la *macchina* n'a paru aussi belle. Il est juste, d'ailleurs, de reconnaître qu'elle a été construite avec un goût parfait. Il y a longtemps que l'on a condamné le genre baroque, jadis en honneur. Un certain Angelo Papini (son nom a été soigneusement conservé) est l'inventeur du style qui a prévalu ; c'est encore un membre de cette famille qui a dessiné le modèle de la *macchina* de 1900.

Tandis que je recueille ces renseignements, le cortège a repris sa marche. La *macchina* grandit maintenant à vue d'œil. Elle s'avance précédée et suivie de carabiniers chargés de maintenir la foule à distance. Les colonnes, les frises, les frontons qui décorent l'édifice ambulant apparaissent tour à tour ; la statue irradiée de la sainte resplendit dans une auréole de feu. C'est merveille de voir la géante avancer avec ce léger balancement rythmique propre aux *contadine* romaines portant un fardeau sur la tête. Voici les *facchini* tout de blanc vêtus ; on distingue aisément la première file qui se meut avec une régularité en quelque manière automatique. Ils ont les bras croisés sur les épaules. A leur démarche, à la façon de lancer les jambes en avant, on devine qu'ils ont à supporter un poids énorme. Arrivés au milieu de la place du Plébiscite, ils s'arrêtent une seconde fois, tandis que des acclamations enthousiastes éclatent de tous côtés. Le peuple de Viterbe est justement fier du tour de force que ses enfants accomplissent chaque année depuis plusieurs siècles. Quant aux gens des environs, ils ne se lassent pas d'assister à un spectacle qui, à leurs yeux, tient tant soit peu du prodige.

A peine les *facchini* ont-ils repris position, qu'ils exécutent sur place une évolution savante. Le chemin qu'ils ont désormais à parcourir ne cessant de monter, il convient que les plus petits d'entre eux occupent les premiers rangs. La *macchina* reprend triomphalement sa marche : elle s'engouffre dans le *corso*. Quittant furtivement le palais communal, nous nous lançons à sa poursuite, au milieu du flot populaire que contient la phalange serrée des carabiniers royaux. Nous la rejoignons au moment où, atteignant la *salita di Santa Rosa*, les porteurs font une nouvelle pause, — la dernière.

Le trajet qui reste à effectuer est assez court, une centaine de mètres, mais par une montée fort raide. Et c'est alors un spectacle émouvant, vraiment inoubliable. Les *facchini* abordent la pente au pas accéléré ; la foule a quelque peine à les suivre. Et l'édifice en feu semble emporté par un tourbillon, dans un balancement plus court, plus haletant, si j'ose dire. Il se précipite vers une sorte d'apothéose. Cette course, qui paraît folle au premier abord, est pourtant nécessaire. C'est un coup de collier, l'effort final : il faut le fournir d'enthousiasme, sans réflexion. Si l'on s'arrêtait, fût-ce une seconde, qui sait si l'on pourrait repartir et atteindre le but? Par instants, le fardeau devient pour quelques-uns des porteurs littéralement écrasant, dépassant de loin les cinquante kilogrammes qui reviendraient équitablement à chacun. Seuls des corps robustes, dispos, entraînés, sont capables de résister à l'accablement produit par l'effort continu qu'il faut donner pour affronter une pareille ascension avec un pareil fardeau. Sans une confiance illimitée, aveugle, en soi-même, il n'y aurait pas de salut.

Quand nous arrivons sur la place de Santa Rosa, la *macchina* repose paisiblement sur ses pieds et le peuple l'entoure avec une affectueuse admiration. Les porteurs ont déjà disparu, entraînés par leurs amis. Ils vont se dédommager de l'abstinence à laquelle on les a soumis quinze heures durant. S'ils donnent quelques accolades de trop aux *fiaschi* des crus d'alentour, personne ne leur en saura mauvais gré. Dans les chants que j'entends longtemps après avoir regagné mon gîte, j'éprouve quelque plaisir à retrouver de mâles voix, peut-être celles des braves gaillards qui ont porté sur leurs épaules la *macchina* triomphale.

FIN

TABLE DES MATIÈRES

	Pages.
Aux sources de l'Arno et du Tibre.........	1
A travers l'Apennin toscan.............	29
Le « Palio » de Sienne.................	117
Viterbe..............................	197

PARIS
TYPOGRAPHIE PLON-NOURRIT ET Cie
8, rue Garancière.

www.ingramcontent.com/pod-product-compliance
Lightning Source LLC
Chambersburg PA
CBHW050650170426
43200CB00008B/1234